essentials

essentials liefern aktuelles Wissen in konzentrierter Form. Die Essenz dessen, worauf es als „State-of-the-Art" in der gegenwärtigen Fachdiskussion oder in der Praxis ankommt. *essentials* informieren schnell, unkompliziert und verständlich

- als Einführung in ein aktuelles Thema aus Ihrem Fachgebiet
- als Einstieg in ein für Sie noch unbekanntes Themenfeld
- als Einblick, um zum Thema mitreden zu können

Die Bücher in elektronischer und gedruckter Form bringen das Expertenwissen von Springer-Fachautoren kompakt zur Darstellung. Sie sind besonders für die Nutzung als eBook auf Tablet-PCs, eBook-Readern und Smartphones geeignet. *essentials:* Wissensbausteine aus den Wirtschafts-, Sozial- und Geisteswissenschaften, aus Technik und Naturwissenschaften sowie aus Medizin, Psychologie und Gesundheitsberufen. Von renommierten Autoren aller Springer-Verlagsmarken.

Weitere Bände in dieser Reihe http://www.springer.com/series/13088

Michail Logvinov

Muslim- und Islamfeindlichkeit in Deutschland

Begriffe und Befunde im europäischen Vergleich

Springer VS

Michail Logvinov
Hannah-Arendt-Institut für
Totalitarismusforschung
Technische Universität Dresden
Dresden, Deutschland

ISSN 2197-6708   ISSN 2197-6716   (electronic)
essentials
ISBN 978-3-658-16735-6   ISBN 978-3-658-16736-3   (eBook)
DOI 10.1007/978-3-658-16736-3

Die Deutsche Nationalbibliothek verzeichnet diese Publikation in der Deutschen Nationalbibliografie; detaillierte bibliografische Daten sind im Internet über http://dnb.d-nb.de abrufbar.

Springer VS

Gedruckt auf säurefreiem und chlorfrei gebleichtem Papier

Springer VS ist Teil von Springer Nature
Die eingetragene Gesellschaft ist Springer Fachmedien Wiesbaden GmbH
Die Anschrift der Gesellschaft ist: Abraham-Lincoln-Str. 46, 65189 Wiesbaden, Germany

Was Sie in diesem *essential* finden können

- Eine ausführliche Diskussion der Begrifflichkeiten „Islamophobie", „Islam-" und „Muslimfeindlichkeit", „Abwertung" bzw. „Ablehnung des Islam" und deren Begriffshistorie.
- Konsensfähige Definitionen der oft austauschbar verwendeten Begriffe.
- Erkenntnisse aus verschiedenen Meinungsumfragen zur Islam- und Muslimfeindlichkeit in Deutschland und Europa im Vergleich.
- Eine kritische Würdigung der Umfragedaten.

Inhaltsverzeichnis

Einleitung 1

Im modernen Wortgebrauch wurde der Begriff „Islamophobie" erstmals 1991 im amerikanischen Magazin „Insight" verwendet, woraufhin sich eine internationale Debatte um seinen Inhalt entfachte (vgl. Allen 2010, S. 5). Drei Jahre später stellte die britische Denkfabrik „Runnymede Trust" in ihrem Bericht „A Very Light Sleeper: the Persistence and Dangers of Antisemitism" trotz der Unterschiede auch Ähnlichkeiten zwischen dem Antisemitismus und einer „anderen Form des Rassismus" – der Islamophobie – fest. Obwohl der Begriff der Islamophobie neu war, bezeichnete er die alte Tendenz in den westlichen Ländern, den Islam mit negativen Stereotypen zu verknüpfen (Frindte 2013, S. 90).

Die erste systematische Bestandsaufnahme über islamophobe Einstellungen und Praktiken, inklusive Begriffsdefinition, findet sich in einer weiteren Publikation von „Runnymede Trust" mit dem Titel „Islamophobia: A Challenge for Us All" (1997). Ihre Autoren definieren den Begriff als grundlose Feindseligkeit gegenüber dem Islam, welche in die Diskriminierung der Muslime als Gemeinschaft und als Individuen sowie in die Exklusion der Anhänger/-innen dieser Glaubensrichtung aus politischen und sozialen Bereichen mündet.

Um die Frage zu beantworten, was legitime Kritik am Islam von islamophoben Vorurteilen und Feindseligkeiten unterscheidet, hebt der Bericht acht Dimensionen hervor, welche eine „geschlossene Sicht" auf diese Religion charakterisieren. Demnach wird der Islam (Runnymede Trust 1997, S. 5):

- als monolithisch und statisch gesehen,
- grundlegend als anders (othering) und getrennt von anderen Kulturen wahrgenommen – ohne gemeinsame Ziele, Werte und gegenseitige Beeinflussungen,
- mit Attributen wie barbarisch, irrational, primitiv und sexistisch versehen,
- mit Eigenschaften wie aggressiv, bedrohlich bzw. drohend, terrorismusfördernd und im Kampf der Kulturen begriffen belegt,

© Springer Fachmedien Wiesbaden GmbH 2017
M. Logvinov, *Muslim- und Islamfeindlichkeit in Deutschland,*
essentials, DOI 10.1007/978-3-658-16736-3_1

- als politische Ideologie, die zwecks politischer und militärischer Vorteile eingesetzt wird, gesehen.
- Überdies werde jede Form von Kritik des Islam am „Westen" abgelehnt, während
- die Islamfeindlichkeit als Rechtfertigung der Diskriminierung im oben beschriebenen Sinn genutzt wird.
- Abschließend gelte die Akzeptanz und Normalität der Feindseligkeit gegen Muslim/-innen als Indikator der Islamophobie.

Es verwundert nur wenig, dass die im Bericht formulierte Definition kontroverse Diskussionen auslöste, benennt er doch zahlreiche, nicht unumstrittene Dimensionen des „Symptoms". Zugleich erfassten die Autoren mit dem neuen Begriff treffend das Aufkommen einer neuen Spielart kulturalistisch begründeten Rassismus (vgl. Backes 2013a, S. 395). Es bleibt allerdings unklar, ab welchem Schwellenwert von einer „geschlossenen", islamophoben Sicht die Rede sein kann. Reicht bereits die Zustimmung zur Aussage, der Islam sei nur wenig dynamisch und konservativ aus, um als islamophob zu gelten? Islamwissenschaftler/-innen kritisieren solche Interpretationen der Islamophobie (vgl. Müller 2010).

Einer der wichtigsten Kritikpunkte ist konzeptioneller Natur und betrifft die Verknüpfung realer „gesellschaftlicher Probleme von europäischen Migrationsgesellschaften" mit einer „Immunisierungsstrategie" gegen die im Sinne von Liberalismus und Aufklärung unverzichtbare Kritik an Grundelementen des Islam, die nicht mit den Werten Europas vereinbar seien (Kahlweiß und Salzborn 2012, S. 254). Vor diesem Hintergrund kritisierten britische Forscher und Autoren wie Taslima Nasreen, Salman Rushdie u. a. den Begriff, da er kaum zwischen Islamkritik und Islamfeindlichkeit unterscheide und antimuslimischen Rassismus überbetone (ebd.). Wenig verwunderlich erscheint daher, dass der Neologismus „Islamophobie" als politischer Kampfbegriff sowie Stigma des Öfteren missbraucht wird, um jegliche Kritik an Islam und Muslim/-innen abzuwürgen (vgl. Fischberg 2006, S. 155–172). Als islamophob galten im islamischen Raum bspw. während der Islamischen Revolution im Iran Frauen, die sich weigerten, ein Kopftuch zu tragen oder Islamkritiker wie der bereits erwähnte Autor von „Die satanischen Verse".

Islamophobie, Islamfeindlichkeit, Muslimfeindlichkeit – was bedeuten die Begriffe? 2

Die Begriffe „Islamophobie", „Islamfeindlichkeit", „Muslimfeindlichkeit", „Ablehnung" bzw. „Abwertung der Muslime" werden in zahlreichen Publikationen und Meinungsumfragen oft synonym bzw. austauschbar verwendet. In einigen Fällen mögen Definitionsprobleme bzw. -sperren nebensächlich sein. Dies gilt jedoch nicht für politische und politisch instrumentalisierbare Begriffe sowie die in der Meinungsforschung zu operationalisierenden Kategorien, zu denen die oben genannten Termini zählen.

Denn empirische Studien, welche nicht das messen, was konzeptionell durch die verwendeten Konstrukte festgelegt wird, halten der Güteprüfung nicht stand. Überdies stellt die Behauptung – die Begriffe „Islamophobie", „Islam-" oder „Muslimfeindlichkeit" unterschieden sich „nur in Nuancen, da hat jeder seine Vorlieben" (Hafez 2014) – eine Minderheitenmeinung dar. In der Tat können religiöse und ethnische Motive sowie Adressaten der Ablehnung wechseln oder diskursive Strategien sich gegenseitig bedingen. Für die Betroffenen entsprechender Zuschreibungen mag es irrelevant erscheinen, ob ihnen Ablehnung, Diskriminierung, Feindseligkeit oder Ressentiment entgegenschlägt (vgl. Emcke 2010, S. 216). Relevant ist es allerdings für die verstehende Sozialwissenschaft und Präventionsarbeit, die sich zum Ziel setzen, Aussagen über die Qualität sozialer Konflikte zu treffen und Lösungsvorschläge anzubieten. Aus diesem Grund wird hier ausführlich auf die terminologische Diskussion rund um „Phobien" und Feindseligkeiten gegenüber dem Islam und den Muslim/-innen eingegangen.

© Springer Fachmedien Wiesbaden GmbH 2017
M. Logvinov, *Muslim- und Islamfeindlichkeit in Deutschland,*
essentials, DOI 10.1007/978-3-658-16736-3_2

2.1   Terminologische Probleme

In der deutschen Forschungstradition fand der Begriff im Rahmen des Projekts zur Erhebung Gruppenbezogener Menschenfeindlichkeit (GMF) Anwendung. Islamophobie wird als GMF-Syndrom und „generelle ablehnende Einstellungen gegenüber Muslimen, pauschale Abwertungen der islamischen Kultur und distanzierende Verhaltensabsichten gegenüber Muslimen" oder „die Abwertung und Diskriminierung einer religiösen Minderheit" verstanden (Leibold und Kühnel 2006, S. 137; Leibold et al. 2012, S. 177). Zugleich wechselten die Forscher zwischen den Begriffen „Phobie" und „Feindlichkeit", zuweilen war von antimuslimischen Einstellungen oder gleichsinnig von Abwertung bzw. Ablehnung von Muslim/-innen oder Verhaltensdistanz die Rede. „Suggeriert wird, hier handle es sich alles in allem um ein und dasselbe" (Möller und Schuhmacher 2015, S. 21). Dass dem nicht so ist, wird an einem Beispiel klar: So können distanzierende Verhaltensabsichten in der Tat ein Indikator für Islamophobie bzw. Muslimfeindlichkeit oder aber der Ausdruck einer feministisch bedingten Ablehnung des islamisch geprägten Frauenrollenverständnisses und/oder einer atheistischen Orientierung sein.

Die „Mitte-Studie" von Andreas Zick und Anna Klein aus dem Jahr 2014 maß unter anderem auch Islamfeindlichkeit, kategorisiert als „die Bedrohungsgefühle und Abwertungen von Muslimen, ihrer Kultur und ihren öffentlich-politischen wie religiösen Aktivitäten" (Zick und Klein 2014, S. 64). Dabei fällt auf, dass dieselben Items[1] in den GMF-Erhebungen zur Messung der „generellen Ablehnung von Muslimen in Deutschland" herangezogen, während „offene Islamfeindlichkeit" durch folgende, abweichende Aussagen erfasst wurden: „Es sollte besser gar keine Muslime in Deutschland geben" und „Muslimen sollte jede Form der Religionsausübung in Deutschland untersagt werden" (Leibold und Kühnel 2006, S. 142). Hier springt allerdings ins Auge, dass die vermeintliche Islamfeindlichkeit weniger mit der Glaubensrichtung als mit Muslim/-innen als Trägern der universellen Menschenrechte zu tun hat. Zugleich merkte Andreas Zick in einer Fußnote seines Beitrages für eine Tagung der Deutschen Islamkonferenz „Muslimfeindlichkeit – Phänomen und Gegenstrategien" zu Recht an: Empirisch betrachtet seien Islam- und Muslimfeindlichkeit „in der Regel signifikant korrelierende Facetten", – sie könnten aber „nicht einfach als eine zusammenhängende

---

[1]„Durch die vielen Muslime hier fühle ich mich manchmal wie ein Fremder im eigenen Land." und „Muslimen sollte die Zuwanderung nach Deutschland untersagt werden." Vgl. Zick und Klein (2014, S. 67).

Dimension einer allgemeinen Abwertung beurteilt werden, wie sie etwa mit dem ungenauen Terminus der Islamophobie bezeichnet wird". Denn der entsprechende Nachweis einer vorliegenden Korrelation „wäre erst zu erbringen" (Zick 2012, S. 35). Nichtsdestotrotz wird weiter im Text sowie in den später erschienenen Studien kaum zwischen den beiden Ablehnungskonstruktionen[2] unterschieden.

In der europäischen Umfrage „Die Abwertung der Anderen" wiesen die Wissenschaftler/-innen um Zick erneut darauf hin, dass der Begriff der Muslimenfeindlichkeit treffender wäre, „da es hier nicht um die Ablehnung einer Glaubensrichtung geht, sondern um die Abwertung von Menschen, die dieser Glaubensrichtung zugeordnet werden" (Zick et al. 2011, S. 46). Mit anderen Worten: Differenzierung tut in der Tat not. Es bietet sich daher an, zusätzliche Distinktionsmerkmale in die terminologische Debatte einzuführen.

Einerseits gilt es, eine legitime, universalistisch-normative und/oder aufklärerisch-menschenrechtliche Islamkritik sowie Muslimkritik von einer fremdenfeindlich-hetzerischen, kulturalistischen und/oder biologisch-rassistischen Muslimfeindlichkeit analytisch zu trennen (vgl. Pfahl-Traughber 2014). Liegen doch dafür naheliegende empirische Befunde vor: Laut GMF-Studie aus dem Jahr 2003 lehnten zwar 69,9% der Befragten die Aussage „Die muslimische Kultur passt durchaus in unsere westliche Welt" ab. Zugleich stimmten 65,6% der Befragten dem Item „Bei Personen muslimischen Glaubens bin ich misstrauischer" nicht zu (Leibold und Kühnel 2003, S. 103). Andererseits ist es notwendig, verschiedene Ablehnungsgrade auf der Orientierungsebene genauer zu bestimmen. Denn „es wirkt wenig überzeugend, weil undifferenziert, jede Art von Ablehnung als ‚Feindlichkeit' oder ‚Abwertung' zu brandmarken" (Möller und Schuhmacher 2015, S. 26).

Obwohl sich der (unscharfe) Begriff der Islamophobie international durchgesetzt hat, müssen terminologische Präzisierungen vorgenommen werden. Nach Heiner Bielefeldt (2012, S. 23) scheint der Begriff der Muslimfeindlichkeit wegen

---

[2]Vgl. die Definition der „Islamfeindlichkeit als Vorurteil": „Die Islamfeindlichkeit im Sinne eines Vorurteils entspricht einer abgrenzenden und intoleranten Haltung von Gruppen und ihren Mitgliedern gegenüber dem Islam oder Muslimen, gerade weil sie dem Islam als zugehörig zugeschrieben werden. […] Das Vorurteil hat dabei drei Facetten und richtet sich in Emotionen (Ärger, Ekel etc.), Gedanken (Überfremdung, Unterdrückung etc.) oder Verhaltensweisen (aus dem Weg gehen, nicht helfen etc.) gegen Muslime im Sinne eines Anti-Muslime-Vorurteils oder gegen den Islam im Sinne eines Anti-Islam-Vorurteils. Diese Vorurteile basieren auf Kategorisierungs- und Stereotypisierungsprozessen, sodass Menschen zu Gruppen (Muslime, Islam) zugeordnet werden und diese Gruppen mit positiven oder negativen Stereotypen verknüpft werden" (Küpper et al. 2013, S. 10).

seiner Fokussierung auf unmittelbare Subjekte menschenrechtlicher Ansprüche, also Menschen (wie auch religiöse Gemeinschaften) als Träger universeller Menschenrechte am ehesten geeignet zu sein, um Diskriminierung und Ausgrenzung der Muslim/-innen zu bezeichnen. In Fällen der harten Manifestationen von Muslimfeindlichkeit als pauschalisierender Ablehnungskonstruktion infolge „ethnisierender" Zuschreibungen kann auch von „antimuslimischem Rassismus" die Rede sein. „Ob solche Kollektiv-Größen anhand von (angeblichen) biologischen Merkmalen konstruiert werden oder ob kulturelle oder religiöse Differenzen zum Anlass genommen werden, Mauern zu bauen zwischen ‚uns‘ und ‚den anderen‘, ist demgegenüber von sekundärer Bedeutung. Entscheidend ist vielmehr der Härtegrad in der Zuschreibung einer kollektiven Mentalität, die im Grenzfall Züge schicksalhafter Unentrinnbarkeit annimmt und den betroffenen Menschen ihr Selbstsein, ihre Freiheit und ihre Gleichberechtigung abspricht" (a. a. O.: 27).

Armin Pfahl-Traughber (2014) zufolge sei der problematische Begriff der Islamophobie „nur für Auffassungen sinnvoll, die in einer ausgeprägten Angst vor dem Islam als subjektiver Einstellung bestehen". Islamfeindlichkeit stehe demgegenüber für eine ausgeprägte, fundamentale und unbedingte Ablehnung des Islam als Glaubensrichtung und deren pauschale Deutung als gefährlich, unmoralisch und verwerflich. Davon sei eine aufklärerisch-menschenrechtliche Islamkritik zu unterscheiden, „die einzelne Bestandteile oder Auslegungen der Religion und deren Wirken in der Gesellschaft hinterfragt". Zugleich können die angesprochenen Dimensionen anscheinend miteinander korrespondieren und in Diskursen über den Islam, je nach Schwerpunkt, mal mehr, mal weniger in den Vordergrund treten. „Pegida"-Forscher fanden heraus, dass die Anhänger der Dresdner Bewegung wertbezogene Islamkritik übten, wenn es bspw. um die Themen Frauenrechte oder fehlende Säkularisierung ging. Erzählstrecken zu „Asyl", „Zuwanderung" und „Integration" dominierten demgegenüber „kulturalistisch-rassistische antimuslimische Ressentiments". Die islamische Religionszugehörigkeit erwies sich in den Narrativen als einziges charakteristisches Merkmal. Dabei wurden unter den Begriffen „Muslime" oder „Islam" unterschiedliche Bevölkerungsgruppen – „Türkisierung", „Bosniaken" – subsumiert (Geiges et al. 2015, S. 182).

Der Begriff der Muslimfeindlichkeit erfasst nach Pfahl-Traughber (ebd.) „eine Feindschaft gegen Muslime als Muslime, das heißt: Eine Ablehnung und Diskriminierung von Einzelnen oder Gruppen erfolgt primär aufgrund deren Glaubens an den Islam. Damit geht nicht nur ein negatives Bild im Sinne einer öffentlichen Herabwürdigung einher, sondern auch eine angestrebte Benachteiligung im Sinne eines niedrigeren Rechtsstatus". Hiervon unterscheidet der Wissenschaftler „eine Muslimenkritik, die sich auf bedenkliche Einstellungen und Handlungen von Anhängern des Islam bezieht, ohne damit Verallgemeinerungen und Zerrbilder zu verbinden".

Obwohl die zitierten Definitionen notwendige inhaltliche Differenzierungen mit Blick auf legitime Kritik und illegitime Feindschaft gegenüber dem Islam und den Muslim/-innen gewährleisten, scheinen sie die unterschiedlichen Pole der Ablehnungskonstruktionen nicht deutlich genug hervorzuheben. Zugegebenermaßen liegen in der Sozialforschung nur wenige Modelle vor, die auf Grade der ablehnenden Orientierungen abheben. Eines davon ist das PAKOs-Konzept von Kurt Möller, welches pauschalisierende Ablehnungskonstruktionen in einem Kontinuum zwischen den Polen der Aufrechterhaltung von Distanz einerseits und der Anwendung von schwerer Gewalt andererseits verortet.

Möller unterscheidet auf der affektiv-kognitiven Ebene zwischen (Möller und Schuhmacher 2015, S. 26 f.):

- „Aversion" als einer „starken unbewussten Emotion verhaltenswirksamer Abneigung gegenüber dem Ablehnungsobjekt, dass u. U. in Hass münden kann",
- „Ressentiment" als psychischer Einstellung, die sich nicht in Aktivitäten manifestiert,
- „Stereotyp" als einer automatischen und assoziativen „Zuordnung von (vermeintlichem) Wissen und daraus erwachsenden Erwartungshaltungen",
- „Vorurteil" als Ergebnis kognitiver Prozesse stereotyper Kategorisierung nutzender, pauschal-negativer Zuschreibung und Einstellung gegenüber abgelehnten, aber nicht zwangsläufig zugleich abgewerteten Gruppierungen und Personen,
- „Abwertung als Ausdruck eines vermeintlichen Wertunterschieds zwischen Objekten [...] im sozialen Vergleich" sowie
- „Feindlichkeit" als Haltung der Verachtung gegenüber Abgelehnten und ihrer Konstruktion als zu Bekämpfende.

Auf der konativen Ebene sollte mindestens unterschieden werden zwischen:

- „Aufrechterhaltung von Distanz im Sinne einer Vermeidung des Aufbaus von Nähe zum Ablehnungsobjekt",
- sozialer Distinktion als aktiv betriebener räumlicher Distanzierung und symbolischer Abgrenzung sowie
- Gewaltbefürwortung bzw. -propagierung und/oder Gewaltverhalten und/ oder Diskriminierungsbefürwortung und -verhalten.

Überdies weist der Forscher darauf hin, dass nicht jede Ablehnung Produkt essenzialisierenden Vorgehens ist. Ablehnungen können *konkurrenzbasiert* (wahrgenommener Wettbewerb um Arbeits- und Ausbildungsplätze, Wohnungen usw.) oder *ereignisverweisend* (direkte und/oder indirekte – über Familienangehörige bzw. Freunde – negative Erfahrungen) oder schlicht *willkürlich* sein, d. h. einen Faktizitätscharakter besitzen und nicht legitimationspflichtig erscheinen. Hier scheint der irreführende Diskurs vom „postfaktischen" Zeitalter angesprochen zu sein (a. a. O.: 25–26).

2.2 Begriffsdefinitionen

Um der Komplexität des zu untersuchenden Phänomens gerecht zu werden, d. h. die inhaltliche Dimension mit verschiedenen Ablehnungsgraden und möglichen konativen Orientierungen zu verbinden, sowie die unbegründete Stigmatisierung der Zielgruppen zu vermeiden, werden folgende Arbeitsbegriffe vorgeschlagen.

Der Begriff der *Muslimfeindlichkeit* umschreibt die härteste, auf Muslim/-innen als zu bekämpfende Zielgruppe bezogene Orientierung, wobei sich primär Muslim/-innen als Träger der universellen Menschenrechte sowie – sekundär – ihre Praktiken und Symbole im Fadenkreuz der Ablehnenden befinden. Muslimfeindlichkeit kommt in Form von Diskriminierungs- oder/und Gewaltintentionen bzw. Gewaltverhalten zum Tragen. Die Fremdgruppencharakterisierung erfüllt in diesem Fall alle Kriterien eines Feindbildes.

Es kann auch von *Muslimabwertung* als pauschalisierender Ablehnungskonstruktion im Sinne der Ungleichwertigkeit von Muslim/-innen die Rede sein, die entweder kulturalistisch oder eher biologisch-rassistisch begründet wird und in ein ausgeprägtes Distinktionsverhalten münden kann. Die Herabwürdigung von Muslim/-innen muss nicht zwingend in Feindschaft im oben beschriebenen Sinne umschlagen, sie stellt jedoch einen Bestandteil der Feindlichkeit gegen „die" Muslime dar. Auch Muslimabwertung kann zur Benachteiligung der Betroffenengruppe, also zur Diskriminierung führen.

Muslimfeindlichkeit und Muslimabwertung als pauschalisierende Ablehnungskonstruktionen sind von der Ablehnung der muslimischen Lebens- und Verhaltensweisen aus bspw. atheistischen, feministischen, religiösen, aber auch strikt formal-demokratischen und anderen weltanschaulichen Motivationslagen zu unterscheiden.

Im Fall der *Islamfeindlichkeit* richtet sich die Bekämpfungsintention vordergründig gegen „den" Islam als kulturrelevanten Wertkanon mit den ihm pauschal zugeschriebenen Eigenschaften wie Expansionsdrang, Gewaltlegitimation u. a. Der Islam wird pauschal als „faschistisch", „totalitär", „frauenfeindlich" und „homophob" entlarvt. Dass die zu bekämpfenden Zielobjekte der Muslim- und Islamfeinde nicht immer gleich sind oder mit dem Ablehnungsgegenstand nicht übereinstimmen müssen, hat die Tat des „Kreuzritters" Anders Behring Breivik mit aller Deutlichkeit vor Augen geführt. Islamfeinde wähnen sich vordergründig im „Kampf der *Kulturen*", im Kampf gegen die „*islamische* Gefahr". So verstehen sich „christliche Kreuzritter" als „kulturelle, nicht rassistische Abwehrbewegung gegen eine Bedrohung der eigenen Identität [...]" (Backes 2013a, S. 405). Der Kampf gegen die „Islamisierung" schließt ein freundschaftliches Verhältnis zur muslimischen Welt jedoch nicht aus. Zugleich ist die pauschal-negative Charakterisierung „des" Islam dazu angetan, „diskriminierende, die Menschenrechte von Muslimen verletzende, Verhaltensweisen zu ermutigen" (Backes 2013b, S. 160). In Analogie zur (sozial-kulturellen) Muslimabwertung lässt sich ebenfalls eine *Islamabwertung* beobachten, deren (begrifflichen) Kern die Überbetonung der Rückständigkeit und der Unreformierbarkeit des Islam sowie der islamisch geprägten Kultur ausmacht.

Wie bereits ausgeführt, weist der „pathologisierende" *Islamophobie*-Begriff terminologische „Pathologien" auf und sorgt für mehr Verwirrung als Klarheit. In erster Linie umschreibt er aber diffuse Bedrohungsgefühle angesichts der (imaginierten) voranschreitenden Islamisierung und der in diesem Kontext gesehenen zunehmenden Präsenz von Muslim/-innen im sozialen Umfeld bzw. im Land, die aversive Züge annehmen sowie ressentimentgeladene und vorurteilslastige Interpretationen fördern (können). Die Gefühle der Bedrohung durch „den" Islam können in einer *allgemeinen Ablehnung* und *abwehrenden Haltung* gegenüber dem Islam und den Muslim/-innen münden. Diese Einstellung ist jedoch in Bezug auf die Feindseligkeit differenziert zu betrachten, denn nicht jede Abwehrhaltung speist sich aus einem Feindbild des Islam. „Während die generelle Ablehnung auf dem Boden von politisch legitimen Forderungen und emotionalem Unbehagen bleibt, gehen die Formulierungen zur offenen Islamfeindlichkeit darüber deutlich hinaus" (Leibold und Kühnel 2006, S. 137). Generelle Ablehnung kann die Folge, aber auch die Ursache der Abwertung sein. Zugleich besteht im Gegensatz zum Verhältnis von Abwertung zur Ablehnung kein direkter Zusammenhang zwischen Abwertung und Verhaltensabsicht (Leibold und Kühnel 2003, S. 112).

Zusammenfassend sei angemerkt, dass die Unterscheidung zwischen den Begrifflichkeiten „Feindbild", „Feindlichkeit", „Ablehnung", „Vorurteil", „Stereotyp", „Kritik" sowie zwischen einem pauschalen Feindbild des Islam und einem Bild des Feindes in Form eines anti-westlichen Islamismus notwendig erscheint, um dem komplexen Phänomen der Islamablehnung gerecht zu werden. Darüber hinaus erscheint es nicht weniger empfehlenswert, ein spezifisches Feindbild des Islam bzw. Islam- und Muslimfeindlichkeit von allgemeineren Kategorien der Fremdenfeindlichkeit sowie des Rassismus zu unterscheiden bzw. es präziser zu skizzieren.

Das Islambild im historischen und sozialen Kontext 3

Ursachen für die pauschale Ablehnung des Islam und der Muslime lassen sich mit unterschiedlichen Ansätzen erklären. Sozialpsychologisch interpretiert, gehört die Abgrenzung der Eigengruppe im Vergleich zu Fremdgruppen bzw. zum Anderen zu einer der Konstanten gesellschaftlicher Identitätsstiftung. Daraus resultiert ein Autoimage, ein Bild des Eigenen, welchem ein Heteroimage, ein Bild des Anderen bzw. Fremden, gegenübersteht. Auf ethnische und/oder nationale Kollektive respektive Gruppen bezogen bedeutet dies, dass zwecks Distinktion im sozialen Raum entsprechende Merkmale und Unterscheidungskriterien herangezogen werden, um Gruppenkohäsion und -identität zu gewährleisten. Die Selbstkategorisierung der Gruppe in Abgrenzung zu anderen Kollektiven ist somit keine Pathologie, sondern eine sozialpsychologische Universalie.

Problematisch wirkt dieser Distinktionsmechanismus allerdings, wenn rassische, kulturelle, religiöse u. a. Unterscheidungsmerkmale mit antipluralistischen identitären Argumentationsmustern gerahmt werden, die dann zum Postulieren einer sozialen und politischen Interessenidentität in einer angestrebten homogenen Gesellschaft führen. Denn die Folge eines solchen Gesellschaftsbildes wäre vom Ideal einer offenen Gesellschaft weit entfernt und von der Stigmatisierung und/oder Bekämpfung der vom propagierten „Ideal" Abweichenden geprägt.

Obwohl in Deutschland seit Beginn der 1990er Jahre die Existenz eines Feindbildes des Islam beklagt wird, waren die Deutschen lange Zeit immun gegen islambezogene Bedrohungsgefühle. Trotz der Anschläge vom 11. September 2001 ließ sich dieses Feindbild Anfang der 2000er Jahre empirisch nicht nachweisen. Deutschland wies zudem die kleinste Rate anti-muslimischer Übergriffe im westeuropäischen Vergleich auf (Seidel 2003, S. 266). Eine GMF-Erhebung aus dem Jahr 2003 kam zu dem Schluss, dass die Islamophobie keine besondere Ausprägung in Deutschland hatte. „Insofern lässt sich auch die Behauptung von

© Springer Fachmedien Wiesbaden GmbH 2017

M. Logvinov, *Muslim- und Islamfeindlichkeit in Deutschland,*
essentials, DOI 10.1007/978-3-658-16736-3_3

einem besonderen ‚Feindbild Islam', das aus unterschiedlichen Motiven zum Teil von bundesdeutschen Intellektuellen und zum Teil von islamischen bzw. islamistischen Gruppen beschworen wird, nicht bestätigen", schlussfolgerten ihre Autoren und fügten prognostisch hinzu: „Es ist anzunehmen, dass weniger Terroranschläge das Klima besonders verschärfen werden, sondern vielmehr ungelöste und unthematisierte (Alltags-)Konflikte im sozialen Nahraum" (Leibold und Kühnel 2003, S. 113).

Doch es kam anders. Nach dem heimtückischen Mord am niederländischen Filmemacher Theo van Gogh am 2. November 2004 änderte sich die Lage fundamental. Die Stimmung in Deutschland schlug in „moralische Panik" um. Eine der Folgen war auch, dass in der medialen Berichterstattung „das Feld Islam, Islamismus und Einwanderer mit muslimischen Hintergrund neu vermessen" und die Integrations- und Ausländerdebatte vermehrt „islamisiert" wurde (ebd.). Die Unvereinbarkeit des Islam mit den westlichen Wertvorstellungen wird seitdem wieder und wieder debattiert, wobei es an den dazu Anlass gebenden Ereignissen nicht mangelt.

Der eigentliche Kern der Islamdebatte in Deutschland betrifft vor allem die Vereinbarkeit des Säkularismus als Norm- und Wertvorstellung mit dem islamischen Glauben, in dem es bekanntlich keine Kaiserformel[1] gibt. Während säkulare Verfassungsgrundsätze eine respektvolle Nichtidentifikation als Wertneutralität, welche die Gleichstellung und den Schutz jeder Minderheit gewährleistet, zum Maßstab erheben, enthält das islamische Ordnungsmodell grundsätzlich nur eine sehr spezifische Schutzpflicht für Minderheiten (Schutzbefohlene per Schutzvertrag), welche keine Gleichstellung mit Muslimen vorsieht. Vor diesem Hintergrund formulierten die Islamophobie-Forscher Leibold und Kühnel das Dilemma der Norm- und Wertkonflikte wie folgt: „Vor die Entscheidung gestellt, würden die meisten gläubigen Muslime wohl das religiöse dem säkularen Prinzip überordnen. Selbst die flexiblen Alltagsregelungen stellen faktisch das Primat des Religiösen unter Beweis, da die Toleranz mit Rückbezug auf die Scharia begründet wird" (Leibold und Kühnel 2008, S. 98). Doch lässt sich daraus, selbst wenn Plädoyers für eine Übernahme des Laizismus seitens der (europäischen) Islamgelehrten die Ausnahme sind (Brunner 2005), der Schluss ziehen, dass die muslimische Kultur tatsächlich nicht in die westliche Welt passt?

Im Sinne des Modells der Eigengruppenprojektion haben wir es mit zwei Makro-Gruppen zu tun, die auf zwei unterschiedliche übergeordnete soziale Kategorien – „menschliche Zivilisation" oder „Religion" – zurückgreifen und ihre

---

[1]Matthäus: 22: 21: „Sie sprachen zu ihm: Des Kaisers. Da spricht er zu ihnen: So gebet dem Kaiser, was des Kaisers ist, und Gott, was Gottes ist!"

eigenen Vorstellungen von diesen Kategorien („universelle Menschenrechte" – der Islam als die „vollkommene" Religion) auf sie projizieren, um den Gruppenvergleich zu gestalten (Frindte 2013, S. 114). So gewährleistet das Ergebnis eines solchen Vergleichs die Überlegenheit der jeweiligen Gruppe. Mit Blick auf die Menschenrechte erscheint „der" Westen im Vergleich zum „Islam" als überlegener Sieger, während Angehörige des Islam sich frei nach dem Koran als „die beste Gemeinde" sehen und islambezogene Überlegenheitsgefühle entwickeln. Nach Frindte (ebd.) haben wir es beim Verhältnis zwischen Muslimen und Nicht-Muslimen zunächst einmal mit einem „Zusammenprall von Vorurteilen (zweier sozialer Gemeinschaften) und Mythen (über den ‚Islam' und ‚den Westen') zu tun" (vgl. Bobzin 2010; Jonker 2010b, S. 72).

3.1   Das Islam- und Muslimen-Bild in Deutschland

Eine von der Bertelsmann Stiftung erstellte *Sonderauswertung Islam* des Religionsmonitors widerspricht der oben zitierten Annahme von Leibold und Kühnel. Der Erhebung aus dem Jahr 2015 zufolge sollen 90% der „hochreligiösen sunnitischen Muslime" die Demokratie für eine „gute Regierungsform" halten (Bertelsmann Stiftung 2015). Dies entspreche dem Zustimmungsgrad der mittel- und weniger religiösen Sunniten. 93% der hochreligiösen sunnitischen Muslime hielten es für geboten, allen Religionen gegenüber offen zu sein. Die zunehmende religiöse Vielfalt in Deutschland empfanden allerdings „nur" 68% der hochreligiösen, 71% der mittel- und 75% der wenig religiösen Sunniten als Bereicherung. Überraschend erscheint der Befund, dem zufolge 40% der hochreligiösen Sunniten und 58% der hochreligiösen reflektierten Sunniten dem Item zustimmten, ein homosexuelles Paar sollte die Möglichkeit haben zu heiraten. 90% der deutschen Muslime sollen zudem regelmäßig Freizeitkontakte zu Menschen anderer Religionszugehörigkeit haben, wobei rund 60% über mehr Freizeitkontakte außerhalb als innerhalb ihrer Religion verfügen.

Während die hochreligiösen und reflektierten hochreligiösen sunnitischen Muslime dem Religionsmonitor zufolge aufgeklärt, kontaktfreudig und vorurteilsfrei sind, ist es die nichtmuslimische Mehrheitsbevölkerung bei weitem nicht. Die (Nicht-)Zustimmung zu den Items „Der Islam passt nicht in die westliche Welt" und „Durch die vielen Muslime fühle ich mich manchmal wie ein Fremder im eigenen Land" sowie Antworten auf die Frage „Als wie bedrohlich bzw. wie bereichernd nehmen Sie den Islam wahr?" legen Zeugnis davon ab (siehe Abb. 3.1).

57% der deutschen Nichtmuslime hielten demnach den Islam für „sehr" oder „eher" bedrohlich – eine Steigerungsrate um 4 Prozentpunkte im Vergleich zu

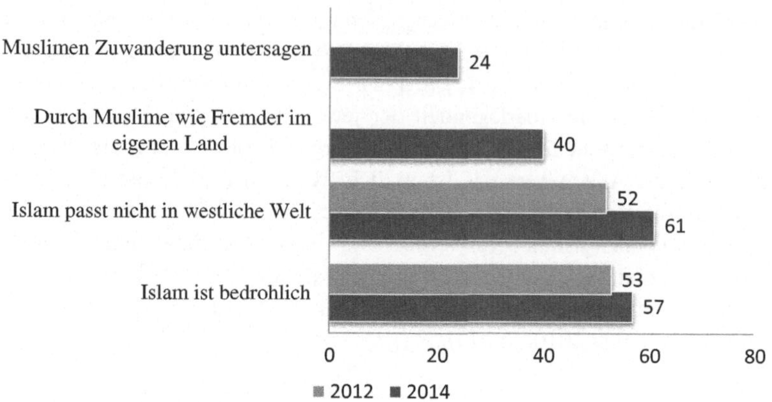

Abb. 3.1 Einstellungen zum Islam und zu Muslimen. (Zustimmung in Prozent, eigene Darstellung nach Bertelsmann-Stiftung 2015, S. 8)

2012. Noch deutlicher zugenommen hat die Ansicht, der Islam passe nicht in die westliche Welt – von 52 % auf 61 % (a. a. O.: 7).

„Durch die vielen Muslime" fühlten sich 40 % der Bürger „manchmal wie ein Fremder im eigenen Land", wobei es keinen Unterschied zwischen Ost- und Westdeutschland gegeben hätte. Während die Befunde zur Bedrohlichkeit des Islam die Kontakthypothese tendenziell bestätigen, wird sie hier eher infrage gestellt. Der Aussage, Muslimen sollte die Zuwanderung nach Deutschland untersagt werden, stimmten bundesweit 24 % „voll und ganz" oder „eher" zu. „In Westdeutschland beträgt dieser Anteil 22 % und in Ostdeutschland 29 %" (a. a. O.: 8).

Aufschlussreich sind die Angaben zur Abhängigkeit der Bedrohungswahrnehmung von der politischen Selbstpositionierung. Nach dem Religionsmonitor sind es vor allem die sich politisch links oder (mitte)-rechts Einordnenden, die sich am stärksten durch den Islam bedroht fühlen. Gering seien auch die Bildungseinflüsse – ein deutlicher Gegensatz zu fremdenfeindlichen Einstellungen. Lediglich ein abgeschlossenes Hochschulstudium soll sich „geringfügig positiv" auf das Islambild auswirken. „Aber auch hier beträgt der Anteil mit einer Bedrohungswahrnehmung 46 %" (a. a. O.: 9). „Etwas größer" seien die Bildungseffekte im Hinblick auf die Beurteilung der Vereinbarkeit des Islam mit den westlichen Werten: 52 % der Personen mit mittlerer Reife, 45 % der Befragten mit Abitur und 40 % der Hochschulabsolventen vertraten die Meinung, der Islam passe nicht in die westliche Welt. Somit bestätigt die Umfrage nur bedingt einen von Wilhelm Heitmeyer im Jahr 2006 beschriebenen Trend: „[...] je höher die Bildung, umso weniger Abwertung. Das stimmt in Bezug auf Obdachlose, Homosexuelle, Juden, Fremdenfeindlichkeit, Sexismus und Rassismus. Nur beim Islam ist das anders. Dort schützt Bildung weniger vor der generalisierten Abwertung der Kultur des Islam" (Reinecke und Seidel 2006).

Zusammenfassend interpretieren die Autoren der Studie ihre Befunde dahin gehend, dass

- die Muslime – unabhängig von der Intensität ihres Glaubens – mit Staat und Gesellschaft eng verbunden seien, während
- die Islamfeindlichkeit aus der Mitte der Gesellschaft käme und einen salonfähigen Trend darstelle.

Von „fragiler Mitte" ist auch in der *„Mitte"-Studie* von Andreas Zick und Anna Klein (2014) die Rede. Die Bielefelder Forscher ziehen im Gegensatz zum Forschungsteam der Bertelsmann Stiftung Statements heran, welche ausschließlich auf die Wahrnehmung und die Behandlung der Muslime abheben: „Durch die vielen Muslime fühle ich mich manchmal wie ein Fremder im eigenen Land" und „Muslimen sollte die Zuwanderung nach Deutschland untersagt werden". Die Autoren beanspruchen, die Bedrohungsgefühle gegenüber den und die Abwertung von Muslimen, ihrer Kultur und ihren öffentlich-politischen wie religiösen Aktivitäten zu messen (a. a. O.: 73). Islamfeindlich seien der Studie zufolge 17,5% der Bevölkerung – 16% im Westen und 23,5% im Osten des Landes. „Durch die vielen Muslime" fühlten sich 31,5% der Bürger „manchmal wie ein Fremder im eigenen Land". Dem „harten" Statement zur Einschränkung der Zuwanderung für Muslime stimmen demgegenüber 18,2% der Befragten zu.

Nach Altersgruppen ergibt sich folgendes Antwortverhalten: 20% der zwischen 16 und 30-Jährigen sowie 21,3% der über 60 Jahre Alten waren im Vergleich zu den am wenigsten belasteten Gruppe der zwischen 31- und 60-Jährigen (14,2% der Befragten) islamfeindlich. Soziale Stratifikation ergab folgende Effekte: 27,1% der Befragten, die sich „unten" verorteten, 16,1% aus der Mittelschicht und 22,1% aus der Oberschicht hatten islamfeindliche Einstellungen. Gegensätzlich zu den Befunden des Religionsmonitors ist die politische (Selbst-) Verortung laut der Mitte-Studie ein entscheidender Faktor für die zu messenden Bedrohungsgefühle: Am wenigsten islamfeindlich seien demnach Personen, die sich „links/eher links" einordneten (7,7%), „genau in der Mitte" seien es 17,9% der Befragten und „rechts/eher rechts" 32,3% der Personen gewesen, die den Items zustimmten.

Hervorgehoben sei auch eine unter dem Titel *„Die Furcht vor dem Morgenland im Abendland"* bekannt gewordene Studie des Instituts für Demoskopie

Allensbach (2012), die ein facettenreiches Islambild der deutschen Bevölkerung zeichnete. Thomas Petersen betonte eingangs vor dem Hintergrund der EU-Beitrittsdebatte der Türkei die bereits beschriebene „historische Prägung" der europäischen Mentalitätsgeschichte – „‚Die Türken' und mit ihnen die gesamte islamische Welt, das waren stets ‚die Anderen'" – und stellte nüchtern fest, dass die Deutschen einen EU-Beitritt der Türkei „offensichtlich nicht aus einer besonderen Abneigung gegenüber der Türkei heraus" ablehnt, sondern „einfach deswegen, weil die Türkei für die meisten Deutschen schlicht und einfach nicht zu Europa dazu gehört" (a. a. O.: 2). Statt Islamophobie oder Islamfeindlichkeit machte die Umfrage ein überwiegendes „Gefühl der Fremdheit und des Misstrauens" in der Bevölkerung aus. Die Allensbacher Studie ist als Vergleichsgrundlage für die vorgestellten Erhebungen beachtenswert.

Ein wesentliches Ergebnis der Umfrage mit Blick auf „kulturelle Grenzen" – so das theoretische Konstrukt der Studie – lässt sich wie folgt formulieren: Für die Mehrheit der Deutschen gehört der Islam (noch) nicht zu Deutschland. Der Frage, ob der Islam „inzwischen auch zu Deutschland wie das Christentum" gehörte, stimmten nur 22% der Befragten zu. 64% verneinten die Aussage, während 22% unentschieden waren bzw. keine Angaben machten. Ein beachtlicher Teil der Befragten, nämlich 47%, war der Meinung, dass „die Muslime, die hier leben" auch nicht zu Deutschland gehörten. 29% der Befragten widersprachen, während 24% unentschieden waren bzw. keine Angaben machten.

Obwohl 48% der Befragten glaubten, „dass es in nächster Zeit auch hier in Deutschland zu Spannungen mit der muslimischen Bevölkerung kommt" („Ist nicht zu befürchten" – 29%, unentschieden – 23%), und 43% sich im „Kampf der Kulturen" zwischen Christentum und Islam wähnten, gab es Petersen zufolge kein ausgeprägtes Bedürfnis in der Bevölkerung, „sich aktiv oder gar aggressiv gegen ein Vordringen des Islam in Deutschland zu wenden" (a. a. O.: 7). Zugleich begrüßten 39% der Befragten ein Minarett-Verbot[2] nach dem Schweizer Vorbild, während genauso viele Menschen nicht viel davon hielten und 22% keine Angabe machten bzw. mit „weiß nicht" antworteten. Statt einer gegen den Islam gerichteten Orientierung stellte die Umfrage ein „vages Unbehagen" in der Bevölkerung fest. So gefalle es einer relativen Mehrheit von 47% nicht, wenn man „hier in Deutschland Frauen mit Kopftüchern sehe", 34% widersprachen.

---

[2] Die Item-Formulierung lautete wie folgt: „In der Schweiz ist 2009 bei einer Volksabstimmung ein Verbot von Minaretten beschlossen worden. Moscheen dürfen also nur noch ohne die typischen Türme gebaut werden (sic). Finden Sie, dass man ein solches Minarett-Verbot auch in Deutschland einführen sollte, oder halten Sie nicht viel davon".

In Westdeutschland, wo der Anteil der aus islamischen Ländern stammenden Bevölkerung weitaus größer ist als im Osten, gaben mit 48% noch etwas mehr Befragte ihr Unbehagen zu Protokoll als in den neuen Bundesländern (45%). Es scheint also keine Frage der Gewöhnung zu sein, ob einen der Anblick verschleierter Frauen irritiert oder nicht. Das Gefühl der Fremdheit scheint sich nicht so einfach abzunutzen (a. a. O.: 7).

Somit stellen die Allensbacher Daten die Kontakthypothese infrage. Zu beachten sind überdies die Umfrageergebnisse hinsichtlich der Wahrnehmung des Islam als Bedrohung.[3] So hielt 2012 zwar jeder Fünfte, 19% der Bevölkerung (2001: 31%, 2006: 28%), den Islam insgesamt für bedrohlich, 74% machten aber radikale Gruppen als Gefahrenquelle aus (2001: 62%, 2006: 66%).

Das „verheerende Islambild" in Deutschland hängt demnach nicht vordergründig mit Bedrohungsgefühlen zusammen. Viel mehr sind es anderweitige Zuschreibungen bzw. Interpretationen des Islam im Spiegel europäischer Wertvorstellungen im oben beschriebenen Sinn (vgl. Bielefeld 2007). Nachfolgend die 15 Eigenschaften, die den Islam in den Augen der Deutschen prägen (mit Angaben der Prozentpunkte in Klammern):

- Achtung der Menschenrechte (7),
- Offenheit und Toleranz (7),
- Wohltätigkeit (12),
- Nächstenliebe (13),
- Undemokratisch (51),
- Streben nach politischem Einfluss (56),
- Missionarischer Eifer (56),
- Rückwärtsgewandt, konservativ (59),
- Rache und Vergeltung (60),
- Gewaltbereitschaft (64),
- Starker Zusammenhalt unter den Gläubigen (68),
- Intoleranz gegenüber Andersgläubigen (68),
- Fanatismus, Radikalität (70),
- Strenges Festhalten an althergebrachten Glaubensgrundsätzen (77),
- Benachteiligung der Frau (83).

---

[3]So lautete eine Frage: „Darüber, ob der Islam eine Bedrohung darstellt, gibt es ja ganz unterschiedliche Ansichten. Wie sehen Sie das: Halten Sie den Islam insgesamt für eine Bedrohung, oder sind das nur bestimmte radikale Gruppen, von denen eine Bedrohung ausgeht?"

Zusammenfassend lassen sich die Befunde der Allensbacher Umfrage dahin gehend interpretieren, dass dem Islam und den Anhängern dieser Glaubensrichtung in Deutschland die kulturelle Zugehörigkeit verweigert wurde, und zwar nicht primär wegen einer Bedrohungswahrnehmung oder ausgeprägten Feindseligkeit, sondern aufgrund von (Fremd-)Zuschreibungen, die den Islam als unvereinbar mit den demokratischen Werten „des Westens" deuteten. Je nach Blickwinkel können diese Zuschreibungen als Stereotype bzw. Vorurteile oder aber als (zuweilen zuspitzende) Problematisierungen der im bspw. sunnitischen Islam vorzufindenden Eigenschaften gelten.

Es ist kein Vorurteil zu behaupten, dass das Kalifenerbe zur Einheit von Macht und Glaube führte, während in der christlichen Tradition die Trennung von Staat und Kirche grundsätzlich verankert ist (vgl. Lewis 2010). Die christlichen Konfessionskriege in West- und Mitteleuropa im 16. und 17. Jahrhundert führten zu einem bis dahin nicht gekannten Maß an Religions- und Weltanschauungsfreiheit als Gewähr für die Neutralität des Staates, die wiederum zur Rechtsgleichheit der Bekenntnisse im Staat führte (Leibold und Kühnel 2008, S. 96). Die weltanschaulich-religiöse Neutralität des Staates enthält mindestens zwei fundamentale Elemente: die Offenheit und die übergreifende, alle Bekenntnisse gleichermaßen (nicht) fördernde Haltung. Nationale Identität wird in Deutschland religionsneutral definiert, weshalb die religiöse Kategorie des „Muslimischen" als Gegensatz begriffen wird (vgl. Foroutan 2014, S. 32). Das „kurze" 20. Jahrhundert der europäischen Totalitarismen brachte zudem einen demokratischen Konsens in den postheroischen (Nachkriegs-)Gesellschaften hervor, in dem die säkulare, nicht identitäre Verfassungstheorie zum Kernbestand nicht verhandelbarer Grundpositionen zählt. Die Erinnerung an die beiden deutschen Diktaturen wirkt in Form eines antitotalitären Konsenses auch nach der Wiedervereinigung weiter nach.

Im Islam stünden diesen Grundprinzipien Absolutheitsansprüche, Ausgrenzungstendenzen, Totalitätsansprüche für die gesellschaftliche und politische Ebene sowie der „heilige Krieg" als integraler Bestandteil der Religion gegenüber. So sieht es der Extremismusforscher Pfahl-Traughber, der nicht ohne schlüssige Argumente von der Islamismuskompatibilität des Islam – im Sinne der „formalen wie inhaltlichen Anknüpfungspunkte, welche eine Deutung in Richtung Islamismus möglich machen" – spricht. Im Hinblick auf den Vorwand des „Islammissbrauches" durch Fundamentalisten merkt er an: „Wenn aber Inhalte in einer so breiten Form unterschiedlich auslegbar sind, dann sind deren Normen entweder nicht klar definiert und/oder auch so angelegt" (Pfahl-Traughber 2007, S. 64). Freilich kann man auch hier den Vorwurf einer Homogenisierung des Islam erheben, auf Unterschiede der mekkanischen und medinensischen Suren verweisen sowie mehr oder weniger liberale Traditionen im Islam hervorheben.

Es ändert jedoch wenig an der Tatsache, dass im heiligen Buch der Muslime, in der Sunna des Propheten und in den islamischen Rechtstraditionen in der Tat sowohl vergleichsweise pluralistische als auch totalitäre respektive totalistische Ansätze vorzufinden sind. Es kommt daher eher darauf an, welche Lesart unter den Muslimen die Oberhand gewinnt. Dass das Königshaus der Saud dank einer Petro-Dollar-Schwemme sein rigides, theokratisches Islamverständnis in jede auch noch so weit abgelegene Region der muslimischen und nicht muslimischen Welt zu transportieren sucht, nährt Zweifel am schnellen Sieg des islamischen Liberalismus. Glaubt man der Umfrage der Bertelsmann Stiftung, ist es um die Demokratieakzeptanz deutscher Muslime jedoch mehr als gut bestellt.

Islamophobie bzw. Islamfeindlichkeit als „Syndrom" stellte einen der Bestandteile systematischer Erhebungen im Rahmen des Projekts zur Untersuchung *Gruppenbezogener Menschenfeindlichkeit* dar. Die Ergebnisse der GMF-Umfragen lassen sich wie folgt zusammenfassen.

Wie aus Tab. 3.1 ersichtlich, deckten die GMF-Forscher ein hohes Maß an „islamfeindlichen" Einstellungen in der deutschen Bevölkerung auf. Zugleich gilt zu bedenken, was bereits in einem der ersten Survey relativierend angemerkt wurde: Es besteht ein starker Zusammenhang zwischen Fremdenfeindlichkeit und Islamophobie. Zieht man „die anderen Elemente" zur GMF zum Vergleich, ergibt sich daraus folgendes Bild: In Deutschland ließ sich am Beginn der Messungen keine besondere Ausprägung der Islamophobie und kein „Feindbild Islam" beobachten (Leibold und Kühnel 2003, S. 113). Gilt die Schlussfolgerung angesichts eines auch durch andere Studien festgestellten Rückgangs der „islamfeindlichen" Einstellungen auch für die Folgejahre (vgl. Leibold et al. 2012)?

Besondere Aufmerksamkeit verdient der Versuch von Leibold und Kühnel (2008, S. 95–115), das Spannungsfeld von Islamophobie und kritischer Einstellung zu islamischen Positionen mit Blick auf Säkularität und Minderheitenschutz zu beleuchten, um verschiedene Befragtengruppen zu ermitteln. Gemessen wurden 1) generelle Ablehnung von Muslimen in Deutschland, 2) wahrgenom-

Tab. 3.1 Ausmaß islamophober Einstellungen nach GMF-Umfragen. (In Prozent, eigene Darstellung nach Deutsche Zustände 2003, 2006, 2008, 2010, 2012)

Islamfeindlichkeit (Prozentsatz der zustimmenden Antworten)	2003	2005	2007	2009	2010	2011
Muslimen sollte die Zuwanderung nach Deutschland untersagt werden	26,5	26,4	29	21,4	26,1	22,6
Durch die vielen Muslime hier fühle ich mich manchmal wie ein Fremder im eigenen Land	31	33,7	39	32,2	38,9	30,2

Tab. 3.2 Ausmaß islamophober und kritischer Einstellungen im GMF-Survey 2007. (In Prozent, eigene Darstellung nach Leibold und Kühnel 2008, S. 102 f.)

Islamophobe Einstellungen	
Muslimen sollte die Zuwanderung nach Deutschland untersagt werden	29
Durch die vielen Muslime hier fühle ich mich manchmal wie ein Fremder im eigenen Land	39
Der Islam passt durchaus in unsere westliche Welt (überhaupt/eher nicht)	61,1
Islamische und westeuropäische Wertvorstellungen lassen sich miteinander vereinbaren (überhaupt/eher nicht)	60,5
Der Islam hat eine bewundernswerte Kultur hervorgebracht (überhaupt/eher nicht)	44
Kritische Einstellungen	
Im Islam müssen Gesetze den religiösen Vorschriften entsprechen	73
Der Islam erkennt grundsätzlich andere Religionen als gleichberechtigt an (überhaupt/eher nicht)	78,2
Der Islam lehnt Homosexualität grundsätzlich ab	85,5

mene kulturelle Distanz zum Islam/kulturelle Abwertung des Islam und 3) kritische Einstellungen zum Islam. Die relativen Häufigkeiten der Antworten sind in Tab. 3.2 zusammengefasst.

Auffällig sind neben Fremdheitsgefühlen die hohen Werte der kulturellen Distanz bzw. „Abwertung des Islam"[4], wobei das Ausmaß kritischer Einstellungen noch höher ausfiel. Die überwiegende Mehrheit hatte also eine kritische Haltung zum Islam, welche sich auch auf die wahrgenommene kulturelle Distanz auswirkte. Interessanter sind aber differenzierte Ergebnisse und Interpretationen der Clusteranalyse, bei der vier Gruppen ermittelt wurden:

Gruppe I, die „Islamophoben", umfasste demnach 27,2% der Befragten;

Gruppe II, „pessimistische Kritiker", mit 34,8% die größte Gruppe, wies niedrige Werte genereller Ablehnung der Muslime auf, stimmte jedoch der Kritik am Islam zu und nahm ein „erhebliches Maß an kultureller Distanz" wahr;

Gruppe III, „optimistische Kritiker", bestehend aus 19,2% der Befragten, wies niedrigere Werte bei der kulturellen Distanz und geringfügig höhere Werte bei der generellen Ablehnung auf. Die Vertreter/-innen dieser Gruppe waren optimistisch hinsichtlich der kulturellen Distanz, jedoch kritisch in Sachfragen.

Gruppe IV, die „Kulturrelativisten" (18,8% der Befragten), zeichnete sich durch durchgehend niedrige Werte bei beiden Konstrukten aus.

---

[4]2005 war die Zustimmungsrate noch höher (74,2 und 49%).

Unter Einbeziehung weiterer Variablen wie Fremdenfeindlichkeit u. a. interpretierten die Autoren die gewonnenen Daten folgendermaßen: Die Vertreter der optimistisch-kritischen und kulturrelativistischen Position begrüßten die kulturelle Pluralisierung der Bundesrepublik. „Die konsistent Islamophoben zeichnen sich durch die im Vergleich stärkste Ablehnung kultureller Pluralität aus, während die pessimistisch-kritischen Befragten die kulturelle Pluralisierung eher ablehnen" (a. a. O.: 105). Es ist wenig überraschend, dass die Islamophoben auch hohe Fremdenfeindlichkeitswerte und die höchsten Werte für autoritäre Aggression aufwiesen, während Kulturrelativisten am anderen Ende des Spektrums lagen. Die kritischen Gruppen waren im eher nicht fremdenfeindlichen Bereich. Im Hinblick auf die Variablen „Alter" und „Bildung" kamen die Autoren zu dem Schluss, dass die Islamophoben im Schnitt älter und schlechter gebildet waren als die vergleichsweise jungen Kulturrelativisten. Die beiden anderen Gruppen lagen dazwischen.

Aus der Umfrage ergab sich insgesamt, dass lediglich knapp 40% der Befragten dem Islam die Kompatibilität mit den westeuropäischen Werten bescheinigten, während über 60% „kulturpessimistische" und/oder pauschal ablehnende Positionen vertraten.

Obwohl die *postmigrantischen Deutschlandanalysen* des Berliner Instituts für empirische Integrations- und Migrationsforschung sich vordergründig mit den symbolischen Konflikten rund um konkurrierende Werte und Normen in der deutschen Einwanderungsgesellschaft als Folge der Integration beschäftigen, spielen Vorurteile gegen Muslime und ihre Kultur wegen der hohen gesellschaftlichen Relevanz des Islam in der Bundesrepublik in den Studien „Deutschland postmigrantisch I" (Foroutan et al. 2014) und „Deutschland postmigrantisch II" (Foroutan et al. 2015a) eine bedeutende Rolle. Die Wissenschaftler unter der Leitung von Naika Foroutan haben differenzierte Forschungsergebnisse zutage gefördert, denen zufolge es hierzulande ein „Panorama der Exklusionen des Deutschseins" gibt. Es lasse sich in der Bundesrepublik Offenheit und Akzeptanz der sozialen Vielfalt ebenso beobachten wie auch Stereotype, die bei einem Großteil der Bevölkerung vorhanden sein sollen. Allen muslimfeindlichen Aussagen stimmten nur wenige Personen zu. Dennoch sprechen die Sozialforscher von einer „lang anhaltenden stabilen Muslimfeindlichkeit". Was allerdings unter diesem Konstrukt zu verstehen ist, bleibt ohne Erklärung. Den Befragten wurden fünf Aussagen präsentiert:

- „Die in Deutschland lebenden Muslime sind eine Belastung für das soziale Netz",
- „Ich hätte kein Problem damit, mein Kind in eine Schule zu schicken, in der jeder vierte Schüler muslimisch ist",
- „Muslime sind aggressiver als wir",

- „Muslimische Eltern sind genauso bildungsorientiert wie wir" sowie
- „Muslime in Deutschland bedrohen viele Dinge, die ich in dieser Gesellschaft für gut und richtig halte".

Neben dem stereotypen Antwortverhalten erfasste die Studie auch die Häufigkeit der Zustimmungen zu den einzelnen Aussagen, die in der Tab. 3.3 zusammengefasst sind.

Es ist aufschlussreich zu sehen, wie hoch der Anteil der Befragten war, die allen, unter anderem „harten" Statements oder mehreren vorurteilslastigen Aussagen zustimmten. Über ein Drittel der Bevölkerung widersprach allen Vorurteilen. „Lediglich" knapp 11% hielten drei Statements für richtig. Knapp ein Drittel der Befragten stimmte einer der Aussagen zu.

Über die Aggressivität „der" Muslime in Deutschland ließe sich im Sinne einer kritischen Auseinandersetzung angesichts der Männlichkeitsbilder einiger muslimischer Mitbürger freilich streiten. Doch auch hier zeigte sich, dass die Mehrheit der „nationalbewussten" Deutschen (53,6%) der dritten Aussage widerspricht. Bei den Personen, denen es unwichtig erscheint, als Deutsche/r gesehen zu werden, sind es 72,5%. Gesamtwerte: 64,2% der Befragten lehnten die Aussage ab, 26,5% stimmten zu. Bei der vierten Aussage ist das Verhältnis ähnlich: 55,2% der befragten Personen stimmten zu, 30,1% widersprachen. Ob das ablehnende Antwortverhalten von einem weit verbreiteten Vorurteil zeugt oder auf Berichte zurückzuführen ist, denen zufolge etwa 60% der türkischstämmigen Frauen und fast die Hälfte der Männer keinen Schulabschluss erlangen, ist eine zu diskutierende Frage. Im Bericht „Bildung in Deutschland 2014" ist nachzulesen:

„Kinder von Eltern türkischer Herkunft sind zu 51,0%, aus sonstigen ehemaligen Anwerbestaaten zu 31,5% einem Bildungsrisiko ausgesetzt, während Kinder von Eltern aus den EU-27-Staaten (ohne Deutschland) mit 11,2% auf dem Niveau von Deutschland insgesamt liegen" (BMBF 2014, S. 23).

Tab. 3.3 Stereotypes Antwortverhalten. (In Prozent, gewichtet, eigene Darstellung nach Foroutan et al. 2014, S. 31)

Anzahl der negativen bzw. ausgrenzenden Antworten	Anteil der Befragten
0	33,3
1	27,8
2	18,9
3	10,9
4	6,1
5	3,0

Dass mit „türkisch" nicht nur kulturelle und religiöse, sondern auch soziale und finanzielle Risikolagen gemeint sind, schwingt in der Aussage mit. Trotz insgesamt positiver Entwicklungen bleiben „türkischstämmige Personen mit Migrationshintergrund in der Gruppe der 30- bis unter 35-Jährigen mit 53% allerdings noch immer am häufigsten ohne beruflichen Abschluss" (a. a. O.: 41). Der Anteil an Immatrikulationen an Hochschulen sei „bei türkischstämmigen Personen [...] besonders gering" (a. a. O.: 44). Je nach Gewichtung der Items ließen sich somit präzisere Aussagen über das Ausmaß der Muslimfeindlichkeit und -kritik in Deutschland treffen.

Der zweite Teil von „Deutschland postmigrantisch" beschreibt Einstellungen von Jugendlichen und jungen Erwachsenen zu Gesellschaft, Religion und Identität, was ihn besonders aufschlussreich für die pädagogische Praxis macht. Lässt doch dieses Forschungsdesign die Zielgruppen genauer ermitteln bzw. studieren. Die Autoren wiesen erneut darauf hin, welches Konstrukt ihrer Umfrage zugrunde liegt: Stereotype Vorstellungen, verstanden als Vereinfachungen, die „nicht unbedingt auf alle (sic) oder überhaupt auf irgendwelche Mitglieder der Gruppe zutreffen müssen" (Foroutan et al. 2015a, S. 54–55). Das Stereotyp der Aggressivität von Muslimen teilten weniger jüngere Menschen (5 Prozentpunkte) als junge Erwachsene, die auch im Vergleich zum Bevölkerungsdurchschnitt als mehr belastet erscheinen (siehe Abb. 3.2).

Auch die Zustimmung zur Aussage über die Bildungsorientiertheit muslimischer Eltern ist vergleichsweise hoch (siehe Abb. 3.3). Das Alter soll laut dem Forschungsteam jedoch keinen statistisch signifikanten Einfluss haben, die Unterschiede könnten hier „auf Zufall beruhen". Eher sei der Bildungsgrad für die vorhandenen Unterschiede relevant (a. a. O.: 56 ff.).

Zugleich war die Anerkennung gegenüber Muslimen, operationalisiert mithilfe der Aussage: „Wir sollten Muslimen mehr Anerkennung entgegenbringen", vergleichsweise hoch; die höchsten Werte mit 77,7% waren bei Jugendlichen zu beobachten (siehe Abb. 3.4).

Auch die Zustimmungswerte für die Aussage zur Messung von Anerkennung des politischen Teilhaberechts der Muslime – „Wenn Muslime in Deutschland Forderungen stellen, dann ist das ihr gutes Recht" – waren mit 85,5% bei Jugendlichen und 64,6% bei über 25-Jährigen überdurchschnittlich hoch (siehe Abb. 3.4). Noch höher fiel die Ablehnung der Aussagen „Wenn Muslime in Deutschland Forderungen stellen, dann ist das ein Zeichen von Undankbarkeit" aus: jeweils 87,2 und 74,9%. Konsequent schlussfolgerten die Forscher, dass „Jugendliche einen optimistischeren, offeneren und leichteren Umgang mit Vielfalt und Diversität an den Tag legen" (a. a. O.: 80).

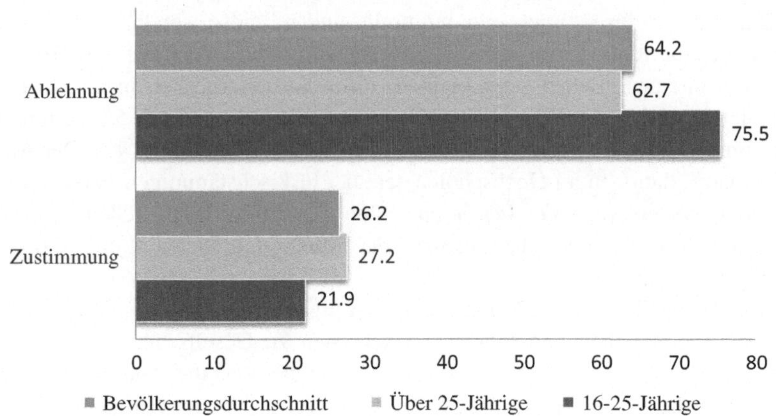

Abb. 3.2 Aggressivitätsstereotype. (In Prozent, eigene Darstellung nach Foroutan et al. 2014, 2015a)

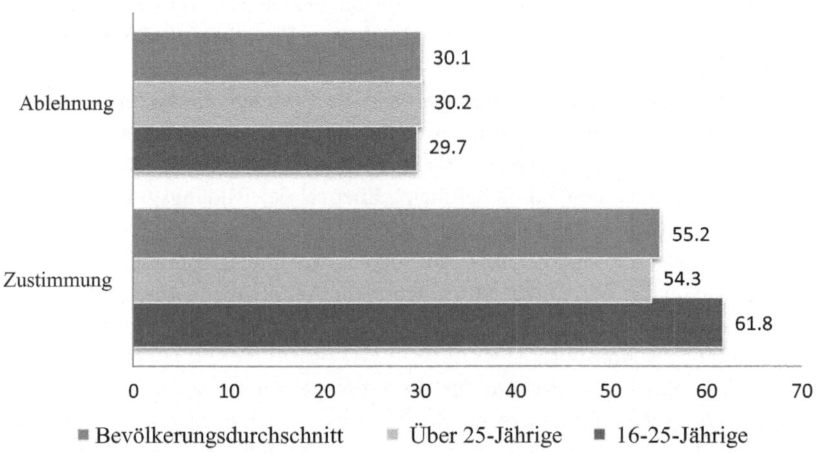

Abb. 3.3 Bildungsstereotype. (In Prozent, eigene Darstellung nach Foroutan et al. 2014, 2015a)

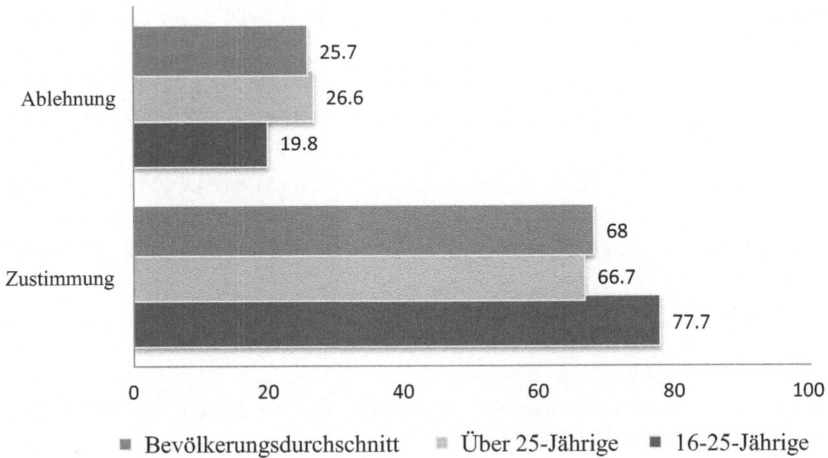

Abb. 3.4 Anerkennung gegenüber Muslimen. (In Prozent, eigene Darstellung nach Forou-tan et al. 2014, 2015a)

3.2 Das Islam- und Muslimen-Bild in Europa

Wie die deutschen Umfragewerte im europäischen Vergleich aussehen und wel-ches Islambild in Europa verbreitet ist, lässt sich am Beispiel dreier Studien zeigen. In einer Zustandsbeschreibung zu Intoleranz, Vorurteilen und Diskrimi-nierung mit dem Titel „*Die Abwertung der Anderen*" untersuchten Andreas Zick, Beate Küpper und Andreas Hövermann im Auftrag der Friedrich-Ebert-Stiftung unter anderem die Islamfeindlichkeit in acht Ländern und kamen zu dem Schluss, dass in den meisten Ländern mit Ausnahme von Großbritannien und den Nie-derlanden eine Mehrheit „den Islam für eine *Religion der Intoleranz*" hält (Zick et al. 2011, S. 70). In nahezu allen Ländern war über die Hälfte der Befragten der Ansicht, Muslime würden zu viele Forderungen stellen. Das Gesamtergebnis der Umfrage lässt sich wie folgt zusammenfassen (siehe Tab. 3.4).

Die Items Nr. 18 bis 20 verwendeten die Forscher in einer Skala zur Messung der Islamfeindlichkeit, während die restlichen Aussagen in einer zufälligen Stich-probe herangezogen wurden.

Wie anhand der Werte ersichtlich, vertraten die Befragten in Deutschland geringfügig islamfeindlichere Positionen (Rang 4) im Vergleich zu Großbritannien (Rang 5), Frankreich (Rang 6), den Niederlanden (Rang 7) und Portugal (Rang 8). Italien (Rang 2) und Portugal stellten Gegenpole hinsichtlich der islamfeindlichen

Tab. 3.4 Zustimmung für islamfeindliche Aussagen. (In Prozent, eigene Darstellung nach Zick et al. 2011, S. 70)

Nr.	Item	D	GB	F	NL	I	PT	PL	HU
18	Es gibt zu viele Muslime in (jew.) Land	46,1	44,7	36,2	41,5	49,7	27,1	47,1	60,7
19	Muslime in (jew. Land) stellen zu viele Forderungen	54,1	50,0	52,8	51,8	64,7	34,4	62,3	60,0
20	Der Islam ist eine Religion der Intoleranz	52,5	47,2	52,3	46,7	60,4	62,2	61,5	53,4
Zusätzliche Items in einer Stichprobe									
22	Die muslimische Kultur passt gut nach (jew. Land)	16,6	39,0	49,8	38,7	27,4	50,1	19,0	30,2
23	Die muslimischen Ansichten über Frauen widersprechen unseren Werten	76,1	81,5	78,8	78,2	82,2	72,1	72,1	76,8
24	Viele Muslime betrachten islamistische Terroristen als Helden	27,9	37,6	-	29,2	28,5	30,3	30,2	39,3
25	Die Mehrheit der Muslime findet islamistischen Terrorismus gerechtfertigt	17,1	26,3	23,3	19,9	21,5	22,4	26,0	29,6

Aussagen im „alten" Europa, wenn man im Falle Portugals von den Zustimmungswerten mit Blick auf den Islam als eine intolerante Religion absieht. In Frankreich und Portugal war die Hälfte der Befragten der Meinung, die muslimische Kultur passte gut zu ihrem Land. Neben Italien wiesen die neuen EU-Staaten Polen (Rang 1) und Ungarn (Rang 2) die höchsten Werte der Islamfeindlichkeit auf. Stark verbreitet war die Kritik am islamischen Frauenbild. Abschließend merkten die Sozialforscher an:

„Es fällt auf, dass sich die europäischen Befragten in ihrer Ablehnung von Muslim/innen und des Islams weitgehend einig sind. Die Dimension islamfeindlicher Haltungen in Deutschland, Italien, Ungarn und Polen ist ähnlich stark ausgeprägt und signifikant am höchsten. Nur geringfügig weniger islamfeindlich äußern sich die Befragten in Frankreich und Großbritannien" (Zick et al. 2011, S. 71).

Wie bereits in anderen Forschungen mehrmals betont, findet sich auch in dieser Erhebung ein starker Zusammenhang zwischen Islam- und Fremdenfeindlichkeit. Die Ablehnung der Zuwanderung und Abwertung der Zuwandernden korrelierte ebenfalls mit negativen Einstellungen gegenüber Muslimen (a. a. O.: 79).

Ein ähnlich negatives Islam- und Muslimen-Bild in Europa stellte eine Forschungsgruppe unter Leitung des Religionssoziologen Detlef Pollack in der Studie *„Wahrnehmung und Akzeptanz religiöser Vielfalt"* (2010) fest. Der Islam wurde von etwa 80% der Befragten mit der Benachteiligung der Frau und von 70% mit dem Fanatismus assoziiert. Etwa 60% der Bevölkerung dachten „beim Stichwort Islam" an Gewaltbereitschaft. Zustimmungswerte zu positiven Eigenschaften wie „Toleranz" waren demgegenüber vergleichsweise gering (siehe Abb. 3.5).

Frankreich schien im europäischen Vergleich eine Ausnahme bei der negativen Beurteilung des Islam zu sein, während Deutschland und Dänemark europäische Spitzenreiter waren. Schrieben zwischen 20 und 30% der Dänen neben Franzosen und Niederländern dem Islam auch positive Eigenschaften zu, waren die Deutschen mit weniger als 5% deutlich zurückhaltender.

Mit welchen Faktoren lassen sich solche Länderdifferenzen erklären? Dem Forscherteam zufolge kann der Unterschied zwischen Deutschland und anderen westeuropäischen Ländern darin begründet liegen, dass es hierzulande weniger sichtbar gewordene Konflikte gab, weshalb die öffentliche Debatte nicht so intensiv geführt wurde, wie z. B. in Frankreich (Pollack 2010, S. 4).

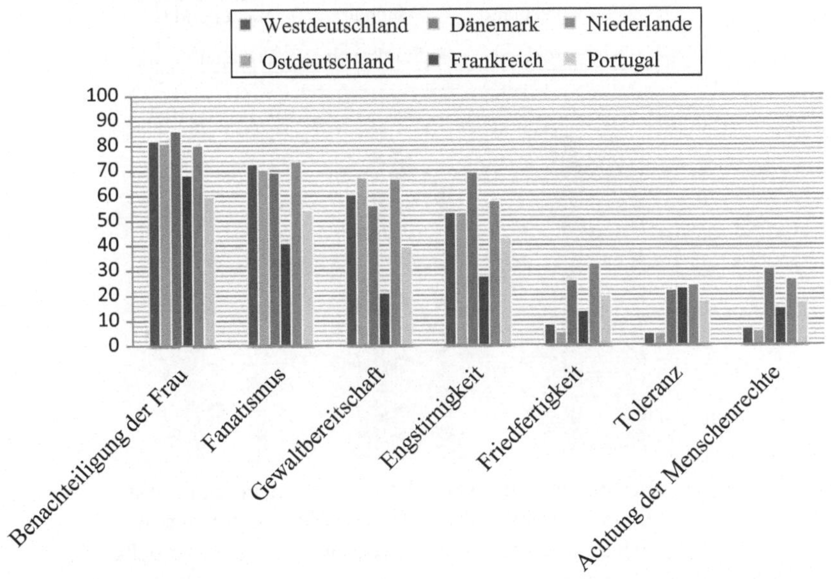

Abb. 3.5 Woran denken Sie beim Stichwort Islam? (Eigene Darstellung nach Pollack 2010, S. 6)

Auf der abstrakten Ebene stimmten zugleich im Schnitt über 90% der Befragten in den untersuchten Ländern der Aussage zu, solange sich „die Ausländer an unsere Gesetze halten, kommt es nicht darauf an, welche Religion sie haben". Auch die Glaubensfreiheit war im Schnitt etwa 90% der Befragten ein wichtiges Rechtsgut. Mit Blick auf die Gleichstellung aller Religionen gingen die Meinungen weit auseinander. In Deutschland waren es kaum 50% der Befragten, die sich dafür aussprachen, während z. B. in Dänemark 72% positive Einstellung aufwiesen und in den restlichen drei Ländern die Zustimmungsrate bei über 80% lag.

Als „geradezu dramatisch" bezeichneten die Forscher die Unterschiede zwischen Deutschland und den anderen westeuropäischen Ländern hinsichtlich persönlicher Haltung der Menschen zu den Anhängern des Islam. Während in Frankreich, Dänemark und in den Niederlanden eine klare Mehrheit ein positives Bild von den Muslimen hatte, war es in Deutschland eine Minderheit – 34% in den alten und 26% in den neuen Bundesländern (a. a. O.: 2). Auch das wahrgenommene Verhältnis zwischen der westlichen Kultur und dem Islam ergab ein klares Bild (Abb. 3.6).

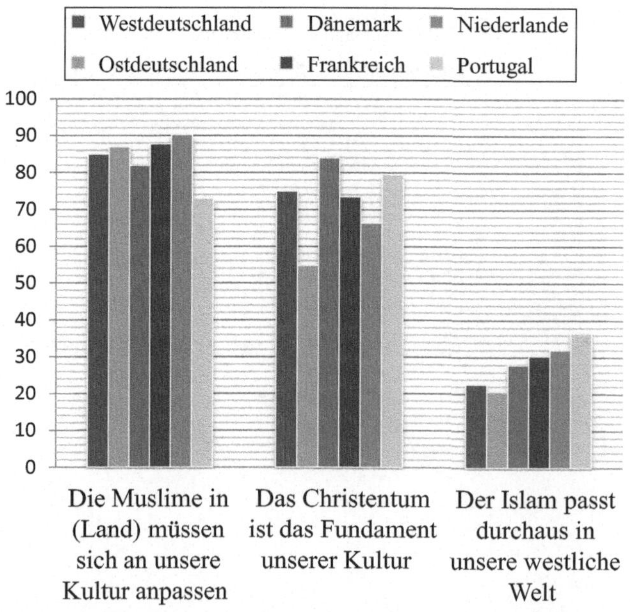

Abb. 3.6 Westliche Kultur und Islam. (Eigene Darstellung nach Pollack 2010, S. 10)

Unabhängig von den religiösen Präferenzen erwartete die Mehrheit der westeuropäischen Befragten, dass die Muslime sich an die jeweilige Leitkultur anpassen. In den Niederlanden war diese Erwartungshaltung am stärksten ausgeprägt. Das Christentum wurde ebenso mehrheitlich als Fundament der europäischen Kultur identifiziert. Dass der Islam in die westliche Welt passe, fand demgegenüber nur eine Minderheit der Bevölkerung: 20,6% in den neuen Bundesländern (22,6% in den alten) bis 36,5% in Portugal.

„Auch in der Einschätzung der Konflikthaftigkeit des Religiösen stimmen die Westdeutschen mit den anderen Westeuropäern überein; diesmal ist die bei den Ostdeutschen zu bemerkende Differenz geringfügig, und nur die Franzosen weichen ab. Über 70% der Befragten in West- und Ostdeutschland, in Dänemark und den Niederlanden halten die zunehmende Vielfalt von religiösen Gruppen in der Gesellschaft für eine Ursache für Konflikte; in Frankreich sind lediglich 59% dieser Meinung" (a. a. O.: 3).

Es lässt sich insgesamt festhalten, dass auch die Befragten dieser Studie das im Islam liegende Konfliktpotenzial als hoch einschätzten. Dabei war „das Bewusstsein von dem in der Pluralisierung des Religiösen […] verborgenen Potenzial kultureller Bereicherung und Vielfalt" in Deutschland am geringsten ausgeprägt. Die Deutschen sahen den Islam überwiegend negativ (a. a. O.: 3).

Die Ergebnisse des *Religionsmonitors 2013* zeigten ebenfalls, dass es in Europa eine Grundangst gegenüber dem Islam existiert, gepaart mit grundsätzlicher Offenheit gegenüber anderen Religionen. Nur in wenigen Ländern scheint die Aussage, der Islam passe gut in die westliche Welt, mehrheitsfähig zu sein (siehe Abb. 3.7).

Zusammenfassend sei auf stabil hohe Werte der kritischen und/oder ablehnenden Positionen gegenüber dem Islam und/oder den Muslimen in Deutschland wie in Europa verwiesen. Als stabil negativ lässt sich auch das Islambild beschreiben: Benachteiligung der Frau, Fanatismus/Radikalität und Gewaltbereitschaft stellen jene Eigenschaften dar, die dem Islam eher zugeschrieben werden als Toleranz und Achtung der Menschenrechte. Auch die Wahrnehmung des Islam als bedrohlich scheint sich laut Umfragen zu verbreitern. Im europäischen Vergleich befindet sich Deutschland eher im Mittelfeld. Tendenziell hohe Zustimmungswerte für die Akzeptanz der Religionsfreiheit und Anerkennung der Muslimen als Träger der Menschenrechte kollidieren dabei mit der Ablehnung der islamischen Kultur und ihrer Anhänger als Teil des europäischen Wertkanons.

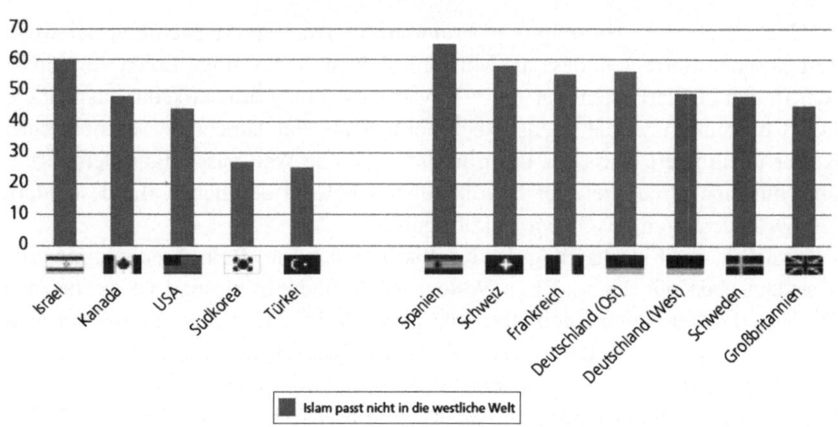

Abb. 3.7 Der Islam und die westliche Welt. (In Prozent, Quelle: Pickel 2013, S. 30)

Kritik und Bilanz 4

Die kritische Auseinandersetzung mit einigen empirischen Studien führt zu dem Schluss, dass die Frage nach ihrem Messgegenstand und den Interpretationen sowie den theoretischen Implikationen berechtigt erscheint. So verwenden einerseits einige Umfragen mehr oder weniger harte Items zur Messung ähnlicher Konstrukte. Andererseits werden gleiche Items zur Erhebung mehr oder weniger harter Einstellungen eingesetzt. Als Ursache für diese Divergenzen kann die beschriebene terminologische Unklarheit bzw. mangelhafte Spezifikation der jeweiligen Konstrukte gelten, die es ermöglicht, solch unterschiedliche Phänomene wie Ablehnung, diffuse Angst respektive Bedrohungsgefühle, Abwertung und Feindseligkeit wenig differenzierend mal als Phobie, mal als Feindlichkeit zu apostrophieren. Es liegen zugleich nur wenige Versuche vor, ein differenzierteres Bild der facettenreichen Ablehnungskonstruktionen und der Befragten-Cluster zu zeichnen (vgl. Leibold und Kühnel 2006; Foroutan 2014).

Ein weiteres Dilemma hängt mit der semantischen Dimension der verwendeten Aussagen zusammen. So zeigte die konfirmatorische Faktorenanalyse, dass der Bedeutungsinhalt des einige Zeit eingesetzten Items „Der Islam hat eine bewundernswerte Kultur hervorgebracht" weniger auf Abwertung des Islam als auf die wahrgenommene kulturelle Distanz verwies (Leibold und Kühnel 2008, S. 113). Mithilfe der Aussagen „Für mich sind die verschiedenen islamischen Glaubensrichtungen kaum zu unterscheiden" sowie „Meiner Meinung nach sind die islamischen Glaubensrichtungen sehr ähnlich" wurden z. B. im GMF-Survey 2005 primär Wissensbestände über den Islam abgefragt, jedoch weniger homogenisierende Einstellungen gemessen. Ob „der" Islam pauschal oder primär radikale Gruppen als Bedrohung ausgemacht werden, hängt stark von der Item-Formulierung und ihrem Homogenisierungsgrad ab. Es verwundert nur wenig, dass in der Umfrage des Instituts für Demoskopie Allensbach (2012) 74% der Befragten

© Springer Fachmedien Wiesbaden GmbH 2017
M. Logvinov, *Muslim- und Islamfeindlichkeit in Deutschland,*
essentials, DOI 10.1007/978-3-658-16736-3_4

dafür plädierten, dass nur von bestimmten radikalen Gruppen eine Bedrohung ausginge. Zugleich bleibt „das Image des Islam" mit Blick auf Menschenrechte negativ.

Überdies sind bei einigen Statements Zweifel im Hinblick auf Priming-Effekte angebracht. Betrachtet man die Aussage „Durch die vielen Muslime fühle ich mich manchmal fremd im eigenen Land", lassen sich zwei „Fallen" identifizieren, die eine Zustimmung erleichtern – „viele" und „manchmal". Während das Adjektiv bereits eine Problemdiagnose vorgibt, nimmt das Adverb eine Relativierung vor und kann dazu führen, dass Befragte entsprechende – reale oder durch Medien vermittelte – Erfahrungen abrufen. Die wenig kosmopolitischen (Ost-) Deutschen, denen alltägliche Begegnungen mit Muslim/-innen eher vorenthalten blieben, könnten sich in manchen Berliner Bezirken oder in westdeutschen Metropolen durchaus wie in einem anderen Land vorkommen. In einigen deutschen Regionen gibt es Stadtteile, welche in hohem Maß durch muslimische Zugewanderte und ihre Symbole geprägt sind. Nicht auszuschließen ist zudem, dass es sich bei der Item-Interpretation „um eine Fehlzuschreibung, die Forscher wie Befragte gleichermaßen vollziehen" handelt. So sieht es zumindest Soziologieprofessor Hartmut Rosa (2015): „Es ist […] durchaus unklar, welcher der beiden Aussageteile sie dabei wirklich motiviert: dass sie sich manchmal wie Fremde im eigenen Land fühlen – oder dass daran die Muslime ‚schuld' sind?". Steht den Befragten die Option „Ich stimme eher zu" zur Verfügung, erhöht sich der Anteil „islamophober" Antworten, wobei sich die Anzahl der eindeutigen Ablehnungen geringfügig reduziert.

Wichtig wäre auch, die Motivlage hinter der Einstellungsdimension nicht auszuklammern. Die Ablehnung einer Moschee in der Nachbarschaft muss nicht aus einer islamfeindlichen Motivation erfolgen. Neben rassistischen und/oder ausländerfeindlichen Anschauungen sind auch feministische, atheistische, religiöse oder banal-alltägliche Ursachen für die Ablehnung denkbar (vgl. Kahlweiß und Salzborn 2012, S. 248). Wenn Befragte mit formal hohem Bildungsabschluss einen Vorteil darin sehen, „Schulen ohne muslimische Lehrerinnen für ihre Kinder zu haben und Wohngegenden mit hohem muslimischen Bevölkerungsanteil zu vermeiden", kann es z. B. auch an der allgemeinen Segregationsneigung liegen (Leibold und Kühnel 2006, S. 148). Oder auch daran, dass die Item-Formulierung „Ich würde mein Kind auch in einer Schule anmelden, in der eine moslemische Frau mit Kopftuch unterrichtet" im Sinne eines Konfliktes mit dem Neutralitätsgebot und somit mit normativen Verfassungsgrundlagen interpretiert wird.

Mit Gültigkeit und Vergleichbarkeit sowie theoretischen Implikationen der Meinungsumfragen hängt eine weitere Problemdimension zusammen. Obwohl die meisten Studien Repräsentativität für sich beanspruchen, rufen Abweichungen ihrer Ergebnisse Fragen hervor. Vergleicht man z. B. die Ergebnisse der Sonderauswertung Islam (2015) und der „Mitte"-Studie von Zick und Klein (2014), macht die Abweichung mit Blick auf das „Fremd im eigenen Land"-Statement 8,5 Prozentpunkte aus (40 zu 31,5%), obwohl der zeitliche Abstand der Untersuchungen gering ist. Ähnlich verhält es sich mit der Zustimmung zu der Zuwanderungsaussage: Die Abweichung beträgt 5,8 Prozentpunkte (24 zu 18,2%).

Zieht man eine weitere „Mitte"-Studie als Vergleichsgrundlage hinzu, verwirrt das gezeichnete Bild der Meinungsforscher umso mehr. Decker et al. (2014, S. 50) zufolge sind es gar 43% der Befragten, die sich „wie ein Fremder im eigenen Land" fühlen sollen (Wert für 2016: 50%), während 36,6% Muslim/-innen die Zuwanderung nach Deutschland untersagen würden (2016: 41, 4%). In diesem Fall beträgt die Abweichung zu den (höheren) Messwerten des Religionsmonitors 12,6 Prozentpunkte. Die Erklärung der Leipziger Forscher, warum die beiden „Mitte"-Umfragen nur eingeschränkt vergleichbar seien, bestätigt eher die frühere Kritik der Sozialforscher (Stützle 2010):

> Die Datensätze der Bielefelder Studie sind durch telefongestützte Interviews, die ‚Mitte'-Studien der Universität Leipzig durch fragebogengestützte Face-to-Face-Befragungen in den Haushalten der Befragten zustande gekommen. Aufgrund dieser unterschiedlichen Erhebungsmethoden sind sie nur eingeschränkt vergleichbar, doch ist der Anstieg so ausgeprägt, dass er nicht allein auf methodische Differenzen zurückzuführen ist.

Ein weiteres Beispiel: Während laut der Studie „Die Abwertung der Anderen" (2011) 54,1% der deutschen Bevölkerung der Meinung waren, Muslime stellten zu viele Forderungen, fanden 85,5% der Jugendlichen und 64,6% der über 25-Jährigen gemäß der Studie „Deutschland postmigrantisch II", dass es ihr gutes Recht sei, Forderungen zu stellen. Jeweils 87,2 und 74,9% widersprachen der Aussage, Forderungen seien ein Zeichen von Undankbarkeit (Foroutan 2015, S. 61). Die Unterschiede im Antwortverhalten sind in diesem Fall auf die Bedeutungsinhalte der Items zurückzuführen.

Nicht minder problematisch, vor allem für die Präventionsarbeit, sind widersprüchliche Ergebnisse bzw. Interpretationen im Hinblick auf Kontakthypothese, Bildungseinflüsse, politische Selbstverortung und die Altersstruktur der „islamophoben" Befragten. Während die Bertelsmann Stiftung eher geringe Bildungseinflüsse mit Blick auf die Bedrohungswahrnehmung und einen etwas größeren Einfluss bei der Wahrnehmung kultureller Distanz feststellte, kam die GMF-Umfrage 2007 zu dem Schluss, dass die „Islamophoben" im Schnitt älter und schlechter gebildet waren. Das Alter soll laut Forschungen von Naika Foroutan et al. demgegenüber keinen statistisch signifikanten Einfluss haben. Eher sei der

Bildungsgrad für die vorhandenen Unterschiede relevant. Nach Wilhelm Heitmeyer schütze aber Bildung kaum vor der generalisierten Abwertung der islamischen Kultur.

Ähnlich divergierend sind Angaben zum Alter der Befragten mit „islamophoben" bzw. „islamfeindlichen" Einstellungen. Sind z. B. gemäß „Mitte"-Studie von Zick und Klein (2014, S. 75) 31- bis 60-Jährige weniger belastet, sind es laut Wissenschaftlern des Berliner Instituts für empirische Integrations- und Migrationsforschung vor allem Jugendliche zwischen 16 und 25 Jahren. Hinsichtlich politischer Orientierungen lassen sich ebenfalls deutliche Interpretationsspielräume beobachten. Die politische (Selbst-)Verortung soll nach der „Mitte"-Studie ein entscheidender Faktor für die islambezogenen Bedrohungsgefühle sein, wobei Personen, die sich „links" und „eher links" einordneten, am wenigsten betroffen sein sollen. In den Jahren 2009/2010 stieg die Islamfeindlichkeit laut GMF-Umfragen jedoch nur unter denjenigen Befragten signifikant an, die ihre Ansichten als „links" und „Mitte" verorteten (Küpper et al. 2013, S. 14).Der Religionsmonitor widerspricht: Demnach fühlen sich Befragte, die sich politisch „links" und „(mitte)-rechts" sehen, am stärksten durch den Islam bedroht.

Übereinstimmend mit den bisherigen Beobachtungen formulierten Kahlweiß und Salzborn (2012, S. 249) die methodische Kritik, der zufolge „die empirischen Studien in ihrer Mehrheit nicht dazu geeignet sind, das zu messen, was konzeptionell mit dem Begriff der Islamophobie im Raum steht, sondern vielmehr allgemeine Stereotype und Vorurteile abfragen, die vor allen Dingen in einem fremdenfeindlichen und rassistischen Kontext stehen und überdies nur punktuell Aufklärungswert zu der Frage haben, ob es ein als Islamophobie zu bezeichnendes Phänomen überhaupt in nennenswerter Größenordnung gibt". In der Tat lässt sich in vielen Fällen eine Korrelation zwischen Islam- und Fremdenfeindlichkeit beobachten. Auch die Ablehnung der Zuwanderung und Zuwandernden hängt mit negativen Einstellungen gegenüber Muslim/-innen zusammen. Aus diesem Grund hat die in vielen Umfragen gemessene „Islamophobie" oder „Islamfeindlichkeit" nicht immer eine spezifische Ausprägung, oder sie wäre noch präziser zu skizzieren.

Noch weniger weiß man über protektive Faktoren. Nach Küpper und Zick (2013, S. 16) schütz neben den – sicherlich nur positiv gearteten – direkten wie indirekten Beziehungen zur Betroffenengruppe ein gesicherter sozialer Status vor Abwertung der Minderheiten. Angesichts einer Feststellung der Autor-/innen, der zufolge die Islamfeindlichkeit „eher von Eliten" mit Bildung und Status produziert wird sowie auch bei höheren Einkommensgruppen Verbreitung findet, erscheint die Interpretation jedoch etwas unschlüssig.

Allem Anschein nach bringen nicht nur unterschiedliche Erhebungsmethoden nicht zu ignorierende Interpretationsunsicherheiten mit sich. Darauf deuten zumindest die hohen Werteschwankungen unabhängig von Konfidenzintervallen sowie verschiedene Korrelationseffekte hin. Über Methodenprobleme hinaus spielen die Kommunikationsregeln der Deutegemeinschaften sowie Medienberichterstattung als Moderatorvariable eine Rolle (vgl. Frindte 2013, S. 94 ff.). Groß sind zudem Aussageunsicherheiten hinsichtlich der Variablen „Alter", „Bildung", „politische Selbstverortung" usw. Somit sind Befunde der Meinungsforschung über Anstiege bzw. Verbreitung „islamfeindlicher" Einstellungen – auch ohne Berücksichtigung spezifischer Effekte wie z. B. der Periodeneffekte – freilich cum grano salis zu genießen.

Was Sie aus diesem *essential* mitnehmen können

- Das Islam-Bild in Europa ist sehr negativ, wobei in Deutschland wie auch Italien, Spanien, Polen und Ungarn dem Islam am häufigsten negative Eigenschaften zugeschrieben werden. Die wahrgenommene kulturelle Distanz zwischen der islamischen und westlichen Welt erscheint kaum überbrückbar.
- Da die Islam- und Muslimfeindlichkeit in der Regel mit der allgemeinen Fremdenfeindlichkeit oder der Ablehnung der Zuwanderung, auch aus islamischen Weltregionen, korrelieren, ist die in einigen Umfragen gemessene „Islamfeindlichkeit" nicht immer in ihrer spezifischen Ausprägung feststellbar. Unklar bleibt nach wie vor auch, ob es in Deutschland ein besonderes „Feindbild des Islam" gibt.
- Die Meinungsforschung sollte ihre Kategorien schärfen und spezifizieren. Denn die Ablehnung oder Abwertung des Islam kann nicht ohne Weiteres mit offener Feindlichkeit gleichgesetzt werden. Es handelt sich jedenfalls nicht um ein und dasselbe. Nur mit „harten" Items können „harte" Einstellungen wie Islam- und Muslimfeindlichkeit gemessen werden.
- Der Vergleich der in Deutschland durchgeführten Umfragen zeigt, dass deren Ergebnisse zahlreiche problematische Abweichungen, etwa im Hinblick auf das Alter, den Bildungsstand und die politische Selbstverortung der „islamophoben" Befragten, aufweisen. Daraus resultieren unterschiedliche Interpretationen, welche – je nach medialer Verbreitung und gesellschaftlicher Beachtung – womöglich ein verzerrtes Lagebild zeichnen.
- Es ist geboten, einen Übergang von reinen Einstellungs- bzw. Meinungsumfragen hin zu Orientierungsforschungen zu vollziehen.

© Springer Fachmedien Wiesbaden GmbH 2017

M. Logvinov, *Muslim- und Islamfeindlichkeit in Deutschland*,

essentials, DOI 10.1007/978-3-658-16736-3

Literatur

Allen, Ch., 2010: Islamophobia. Farnham.

Backes, U., 2013a: Die extreme Rechte in der Bundesrepublik Deutschland und die muslimische Welt – eine Entwicklungsskizze. S. 393–408 in: A. Gallus/Th. Schubert/T. Thieme (Hg.), Deutsche Kontroversen. Festschrift für Eckhard Jesse, Baden-Baden.

Backes, U., 2013b: Muslimfeindlicher Rechtsextremismus? Pro-Bewegung als Teil eines internationalen Netzwerks. S. 150–161 in: U. Backes/A. Gallus/E. Jesse (Hg.), Extremismus & Demokratie, Baden-Baden.

Bertelsmann Stiftung, 2015: Religionsmonitor. Verstehen was verbindet. Sonderauswertung Islam 2015. Die wichtigsten Ergebnisse im Überblick. Gütersloh.

Bielefeldt, H., 2012: Muslimfeindlichkeit. Ausgrenzungsmuster und ihre Überwindung. S. 23–34 in Bundesministerium des Innern (Hg.), Muslimfeindlichkeit – Phänomen und Gegenstrategien. Beiträge der Fachtagung der Deutschen Islam Konferenz am 4. und 5. Dezember 2012 in Berlin. Paderborn.

Bobzin, H., 2010a: „Ihr seid die beste Gemeinde" (3: 110). Zum Aspekt der Überlegenheitsansprüche am Beispiel der christlichen und islamischen Welt und wie wir damit umgehen. S. 199–210 in: Th. G. Schneiders, Islamverherrlichung: Wenn die Kritik zum Tabu wird. Wiesbaden.

Brunner, R., 2005: Zwischen Laizismus und Scharia: Muslime in Europa. S. 8–15 in APuZ 20/2005. Bonn.

Emcke, C., 2010: Der verdoppelte Haß der modernen Islamfeindlichkeit. S. 214–223 in W. Heitmeyer (Hg.), Deutsche Zustände. Folge 9, Berlin 2010.

Foroutan, N./Canan, C./Arnold, S./Schwarze, B./Beigang, S./Kalkum, D., 2014: Deutschland postmigrantisch I. Gesellschaft, Religion, Identität – erste Ergebnisse. Berlin.

Foroutan, N./Canan, C./Schwarze, B./Beigang, S./Kalkum, D., 2015a: Deutschland postmigrantisch II – Einstellungen von Jugendlichen und jungen Erwachsenen zu Gesellschaft, Religion und Identität. Berlin.

Foroutan, N./Canan, C./Schwarze, B./Beigang, S./Kalkum, D., 2015b: Berlin postmigrantisch – Einstellungen der Berliner Bevölkerung zu Musliminnen und Muslimen in Deutschland, Berlin.

Foroutan, N., 2012: Muslimbilder in Deutschland. Wahrnehmungen und Ausgrenzungen in der Integrationsdebatte. Bonn.

© Springer Fachmedien Wiesbaden GmbH 2017
M. Logvinov, *Muslim- und Islamfeindlichkeit in Deutschland,*
essentials, DOI 10.1007/978-3-658-16736-3

Frindte, W., 2013: Der Islam und der Westen. Sozialpsychologische Aspekte einer Inszenierung. Wiesbaden.

Frischberg, M., 2006: Das Konzept ‚Islamophobie' als Abwehr westlicher Zumutungen: zur Genese eines Kampfbegriffs. S. 155–172 in S. Grigat (Hg.), Feindaufklärung und Reeducation. Kritische Theorie gegen Postnazismus und Islamismus, Freiburg.

Geiges, L./Marg, S./Walter, F., 2015: Pegida. Die schmutzige Seite der Zivilgesellschaft? Bonn.

Hafez, F.: Wo endet Islamkritik und beginnt Islamfeindlichkeit? http://www.bpb.de/politik/extremismus/rechtsextremismus/180770/wo-endet-islamkritik-und-beginnt-islamfeindlichkeit (17.3.2014).

Höfert, A., 2010b: Die „Türkengefahr" in der Frühen Neuzeit: Apokalyptischer Feind und Objekt des ethnographischen Blicks. S. 37–60 in Th. G. Schneiders, Islamfeindlichkeit: Wenn die Grenzen der Kritik verschwimmen. Wiesbaden.

Institut für Demoskopie Allensbach, 2012: Die Furcht vor dem Morgenland im Abendland. Eine Dokumentation des Beitrages von Dr. Thomas Petersen in der Frankfurter Allgemeinen Zeitung Nr. 272 vom 21. November 2012. Allensbach.

Institut für interdisziplinäre Konflikt- und Gewaltforschung (IKG), 2014: Zugehörigkeit und (Un)Gleichwertigkeit, Bielefeld.

Jonker, G., 2010b: Europäische Erzählmuster über den Islam. Wie alte Feindbilder in Geschichtsschulbüchern die Generationen überdauern. S. 71–84 in Th. G. Schneiders, Islamfeindlichkeit: Wenn die Grenzen der Kritik verschwimmen. Wiesbaden.

Jonker, G., 2012: Europäische Grenzziehung zu Muslimen und Islam. S. 47–54 in Bundesministerium des Innern (Hg.), Muslimfeindlichkeit – Phänomen und Gegenstrategien. Beiträge der Fachtagung der Deutschen Islam Konferenz am 4. und 5. Dezember 2012 in Berlin. Paderborn 2012.

Kahlweiß, L. H./Salzborn, S., 2012: „Islamophobie" als politischer Kampfbegriff. Zur konzeptionellen und empirischen Kritik des Islamophobiebegriffs. S. 248–263 in A. Pfahl-Traughber (Hg.), Jahrbuch für Extremismus- und Terrorismusforschung 2011/2012 (II), Brühl.

Khoury, A. Th., 2010a: Der Islam im europäischen Umfed. Muslime und ihr beschwerlicher Weg in die Zukunft. S. 259–276 in Th. G. Schneiders, Islamverherrlichung: Wenn die Kritik zum Tabu wird. Wiesbaden.

Leibold, J./Kühnel, S., 2003: Islamophobie. Sensible Aufmerksamkeit für spannungsreiche Anzeichen. S. 100–119 in W. Heitmeyer (Hg.), Deutsche Zustände. Folge 2, Frankfurt/M.

Leibold, J./Kühnel, S., 2006: Islamophobie. Differenzierung tut not, S. 135–155 in W. Heitmeyer (Hg.), Deutsche Zustände. Folge 4, Frankfurt/M.

Leibold, J./Kühnel, S., 2008: Islamophobie oder Kritik am Islam. S. 95–115 in W. Heitmeyer (Hg.), Deutsche Zustände. Folge 6, Frankfurt/M.

Leibold, J./Thörner, S./Gosen, S./Schmidt, P. 2012: Mehr oder weniger erwünscht? Entwicklung und Akzeptanz von Vorurteilen gegenüber Muslimen und Juden. S. 177–198 in W. Heitmeyer (Hg.), Deutsche Zustände. Folge 10, Berlin.

Liljeberg, H./Krambeer, S., 2015: Wie tolerant ist Berlin 2015? Ergebnisse einer repräsentativen Befragung zu Integrationsthemen in Berlin, Berlin.

Logvinov, M., 2004: Zur Auffassung des Eigenen und des Fremden in der kulturwissenschaftlichen Xenologie. S. 81–96 in DAAD (Hg.), Das Wort. Germanistisches Jahrbuch Russland 2004, Moskau.

Möller, K./Schuhmacher, N., 2015: Eckpunkte und Elemente eines landesweiten Aktionsplans gegen Gruppenbezogene Menschenfeindlichkeit (GMF) in Baden-Württemberg – eine Expertise. Esslingen.

Müller, J.: Die Islamophobie und was sie vom Antisemitismus unterscheidet. Anmerkungen zu einem Vergleich. http://www.bpb.de/politik/extremismus/antisemitismus/37969/antisemitismus-und-islamophobie?p=all (8.3.2010).

Naumann, Th., 2010b: Feindbild Islam – Historische und theologische Gründe einer europäischen Angst. S. 19–36 in Th. G. Schneiders, Islamfeindlichkeit: Wenn die Grenzen der Kritik verschwimmen. Wiesbaden.

Pew Research Center, 2011: Muslim-Western Tensions Persist. Common Concerns About Islamic Extremism. Washington.

Pew Reserach Center, 2014: A Fragile Rebound for EU Image on Eve of European Parliament Elections, Washington.

Pfahl-Traughber, A., 2007: Die Islamismuskompatibilität des Islam. Anknüpfungspunkte in Basis und Geschichte der Religion. S. 62–78 in Aufklärung und Kritik, Sonderheft 13/2007.

Pfahl-Traughber, A.: Islamfeindlichkeit, Islamophobie, Islamkritik – ein Wegweiser durch den Begriffsdschungel. http://www.bpb.de/politik/extremismus/rechtsextremismus/180774/islamfeindlichkeit-islamophobie-islamkritik-ein-wegweiser-durch-den-begriffsdschungel (17.3.2014).

Pollack, D., 2010: Wahrnehmung und Akzeptanz religiöser Vielfalt, Münster.

Reinecke, S./Seidel, E.: „Religion ist die letzte Ressource". http://www.taz.de/1/archiv/?dig=2006/12/15/a0186 (15.12.2006).

Rosa, H.: Fremd im eigenen Land? http://www.faz.net/aktuell/politik/die-gegenwart/jeder-5-deutsche-fuehlt-sich-fremd-im-eigenen-land-13546960.html?printPagedArticle=true #pageIndex_2 (24.4.2015).

Runnymede Trust, 1997: Islamophobia: A Challenge for Us All. London.

Schiffer, S., 2005: Der Islam in deutschen Medien. S. 23–30 in APuZ 20/2005. Bonn.

Schneiders, Th. G., 2010: Islamfeindlichkeit: Wenn die Grenzen der Kritik verschwimmen. Wiesbaden.

Seidel, E., 2003: Die schwierige Balance zwischen Islamkritik und Islamophobie. S. 261–279 in W. Heitmeyer (Hg.), Deutsche Zustände. Folge 2, Frankfurt/M.

Seidel, E., 2008: In welche Richtung verschieben sich die medialen Diskurse zum Islam? S. 250–259 in W. Heitmeyer (Hg.), Deutsche Zustände. Folge 6, Frankfurt/M.

Stützle, P.: Kritik an Studie zu Rechtsextremismus. http://www.dw.com/de/kritik-an-studie-zu-rechtsextremismus/a-6128531 (20.10.2010).

Thomsen, J., 2015a: Forsa-Umfrage der Berliner Zeitung. Berliner sehen den Islam wohlwollend. http://www.berliner-zeitung.de/berlin/forsa-umfrage-der-berliner-zeitung-berliner-sehen-den-islam-wohlwollend,10809148,29709886.html (30.01.2015).

Thomsen, J., 2015b: Forsa-Umfrage der Berliner Zeitung. Junge Berliner haben kein Problem mit dem Kopftuch. http://www.berliner-zeitung.de/berlin/forsa-umfrage-der-berliner-zeitung-junge-berliner-haben-kein-problem-mit-dem-kopftuch,10809148,31368800.html#plx1406342699 (03.08.2015).

Uslucan, H.-H., 2010a: Muslime zwischen Diskriminierung und Opferhaltung. S. 367–378 in Th. G. Schneiders, Islamverherrlichung: Wenn die Kritik zum Tabu wird. Wiesbaden.

Worbs, S./Bund, E./Kohls, M./von Gostomski Ch. B., 2003: (Spät-)Aussiedler in Deutschland. Eine Analyse aktueller Daten und Forschungsergebnisse, 2013.

Zick, A./Klein, A., 2014: Fragile Mitte. Feindselige Zustände. Rechtsextreme Einstellungen in Deutschland. Bonn.

Zick, A./Küpper, B./Hövermann, A., 2011: Die Abwertung der Anderen. Eine europäische Zustandsbeschreibung zu Intoleranz, Vorurteilen und Diskriminierung. Berlin.

Zick, A., 2012: Islam- und muslimfeindliche Einstellungen in der Bevölkerung. Ein Bericht über Umfrageergebnisse. S. 35–46 in: Bundesministerium des Innern (Hg.), Muslimfeindlichkeit – Phänomen und Gegenstrategien. Beiträge der Fachtagung der Deutschen Islam Konferenz am 4. und 5. Dezember 2012 in Berlin. Paderborn.